13歳から分かる！

HOW TO STOP WORRYING
AND START LIVING

道は開ける

カーネギー 悩みを解決するレッスン

監修
藤屋伸二

イラスト
大西 洋

日本図書センター

はじめに

世界中で読者を増やし続けるロングセラー

1948 年、アメリカで、現在まで読み続けられている 1 冊の本が刊行されました。デール・カーネギーによって書かれた『道は開ける』(原題：How to Stop Worrying and Start Living) です。

この本は刊行直後、50 万部以上も売れたといわれています。そしてその後、日本をはじめ世界各国で翻訳され、いずれの国でもベストセラーとなり、いまなお高い人気を誇っています。

しかし、この本がこれほどまで読者を増やし続けているのは、いったいなぜでしょうか？　その答えを読み解くキーワードは「悩み」です。

悩みの解決方法を教えてくれる本

『道は開ける』は、そのタイトルだけでは本の内容がつかみにくいかもしれません。しかし、原題を直訳したら、内容が見えてきます。

How to Stop Worrying and Start Living
心配するのをやめて、生活を始める方法

　じつはこの本には、「悩み」を克服して、人生を豊かにする方法が書かれています。つまり、悩みの解決方法を教えてくれる本なのです。

　人は生きている間、さまざまな悩みにぶつかります。そして、悩みにぶつかるたびに、必死になってそれを乗り越える方法を見つけ出そうとします。しかし、ときには大きな悩みを前にして、途方に暮れてしまう場合だってあることでしょう。そんなとき、悩みを解決する方法を求めて、人は『道は開ける』を手に取るのです。

　この本に書かれている悩みの解決方法は、カーネギーが、多くの偉人たちの著作や伝記を読み込んだり、政財界からスポーツ界までさまざまな有名人にインタビューをしたり、さらに実践と検証にも時間をかけたりして、1冊にまとめたものです。

そのため、ここに書かれている悩みの解決方法は、どれも具体的で実践的なものばかりです。悩みには「なにかの問題に対し、答えを選べずにいる」「理想と現実にギャップがある」など、いろいろなものがありますが、どんな悩みにも対応できる内容となっています。

13歳でも分かる入門書

　『道は開ける』は、数百ページに及ぶ重厚な本です。本書は、そんな『道は開ける』のエッセンスを抽出して、13歳でも分かるようなやさしい文章でまとめました。

　構成は全6章立てで、悩みを解決するための28の方法を取り上げています。第1章と第2章では、「悩みを解決するための土台」として、悩みに関する3つの基本事項と、悩みを解決する2つの基本テクニックをじっくりと解説します。そして第3章以降では、さまざまな角度から、

悩みを解決するための具体的な23の方法を解説していきます。

　それぞれの方法については、重要なポイントをしっかり押さえつつ、身近な事例、そして親しみやすいイラストなどもまじえて説明しているので、とても理解しやすくなっています。

　さらに、各章の冒頭には、ちょっとした物語を挟み込んでいます。あることをきっかけにして、深い悩みにおちいっている青年の物語です。彼は、指南役となる老人と出会い、28の方法をアドバイスされて、悩みから解放され、自分の人生を歩みはじめます。

　みなさんはきっと、主人公の成長とともに、悩みの解決法への理解を深めていくことができると思います。

　本書が、悩みを抱え思いわずらっている人たちの道を開き、豊かな人生をおくるきっかけになることを願ってやみません。

藤屋伸二

目次

第 2 章　悩みを解決する 2つの基本テクニック　037

悩みの解決法を学び、
人生を豊かにしよう

青年、悲しみと不安のなかで悩む

　　ここはある町のレストラン。店構えはけっして大きくはないが、新鮮な野菜を使った料理が「おいしい」と評判の店だ。

　　町の人たちからとても愛されていたその店は、いつも客でにぎわい、活気にあふれていた。しかし、しばらくの間、店の入り口には臨時休業の札が下がったままになっている。シェフの1人が交通事故で亡くなったのだ。

「はぁ、ぼくはいったいどうすればいいんだろう……」

　　店の奥には、明かりも点けずうなだれる1人の青年がいた。

　　もともとこのレストランは、2人の青年シェフの手によって立ち上げられた店だった。2人はともに厨房に立ち、協力しながら店を経営してきた。ときには、意見のちがいからケンカをすることもあったが、どんなときでも心はつながっていた。2人はそれぞれがまさに「相棒」だったのである。

交通事故によって相棒を亡くした青年は、レストランに1人残されてしまった。

絶望のなかでもなんとか営業を続けたが、店の雰囲気は明らかに変わってしまっていた。スタッフたちはどこか不安げで、客への十分なおもてなしができない。出される料理もそれなりにおいしいが、これまでとはなにかがちがう。店内の空気はどことなく重く、客は以前のように楽しんで食事をすることができなくなっていた。

「これが、わたしたちをあんなに楽しませてくれていた店なのか……」

そんな声があちらこちらでささやかれていた。

「このまま店を続けることができるのだろうか……」

青年のそうした不安は日ごとに大きくなり、しだいに料理への情熱も経営者としての自覚も、薄れていった。そして、店の入り口には臨時休業の札がかかるようになったのだ。

青年、老人に悩みを打ち明ける

思い悩むばかりで、これといった解決策が見出せない日々が続いていた。そんなある日、青年が気分転換をしようと散歩をしていると、向こうから歩いてくる1人の老人と目があった。

その老人はレストランの常連客で、青年とも何度か軽い世間話をしたことがあった。ほかの客の話によれば、老人は著名な作家で、その世界では名前の知られている人らしい。日ごろか

ら悩みを抱える人たちの相談に乗り、アドバイスをしてくれる
と評判で、町の人たちからの尊敬も集めているようだ。
「こんにちは、ご無沙汰しています」
　青年があいさつをすると、老人はおだやかな表情で言った。
「やあ、シェフ。店はどうだい？　またいつおいしい料理を食
べられるかと、首を長くして待っているのだがね」
「はぁ……、できるだけ早く再開したいのですが……」
　そんな元気のない青年の様子を見て、老人は言った。
「おや、なにか悩みがあるようだね、わたしでよければ話を聞
くよ。なにか役に立てるかもしれない」
　青年はそんな老人の言葉に促され、ポツリポツリと、相棒が
亡くなってからの自分の日々について話しはじめた。

　老人は青年の話を聞き終えると、静かに言った。

014

「きみはいま、自分が進むべき道が分からなくなり、悩んでいるのだね」
「えぇ……、もうどうしていいのか……」
　老人はそんな不安げな青年に向けて、さらに続ける。
「悩んでいるときに進むべき道を見つけるには、ちゃんと方法があるのだよ。もしきみがその方法を知りたいと本気で思うのなら、わたしは喜んで教えるよ」
「本当ですか!?」
「あぁ、本当だとも。きっと道は開けるさ」
　老人はそう言うと、ポケットから手帳を取り出した。そして切り取った1ページに自宅までの道順を書き、青年に手渡した。
「その気になったら、いつでも訪ねて来なさい」
　去りゆく老人の背中を、青年はじっと見つめていた。

悩みを解決するための土台

悩みに関する3つの基本事項

基本事項1
今日1日を
一区切りと
考える

基本事項2
悩みに
対処するための
「魔法の公式」
を学ぶ

基本事項3
悩みが
もたらす
悪影響を知る

悩みから抜け出す6つの方法

方法1 忙しさのなかに身を置く

方法2 小さなことで心を乱さない

方法3 「平均値の法則」で考える

方法4 避けられない運命は受け入れる

方法5 悩みの期限を自分で決める

方法6 過去の失敗を後悔しない

おだやかで幸せな自分になる8つの方法

方法1 前向きに考え、行動する

方法2 憎しみにとらわれない

方法3 感謝を期待しない

方法4 「ないもの」ではなく「あるもの」に目を向ける

方法5 自分らしく振る舞う

方法6 マイナスをプラスに変える方法を考える

方法7 だれかを笑顔にする

方法8 祈る

悩みを解決する2つの基本テクニック

基本テクニック1

事実を集め、
分析して、
解決策を導く

基本テクニック2

4つの質問で
悩みを
半減させる

批判に振り回されない3つの方法

方法1　批判や非難は
ほめ言葉の裏返しと
考える

方法2　ベストを尽くした行いを
心がける

方法3　自分が最大の
批判者になる

心身のエネルギーを保つ6つの方法

方法1　疲れる前に休む

方法2　リラックスの習慣を
身につける

方法3　悩みを減らして
疲労から抜け出す

方法4　仕事の疲労と
悩みを予防する

方法5　仕事が楽しくなる
工夫をする

方法6　不眠症で
悩まないようにする

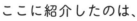
ここに紹介したのは、
悩みを解決するための28の方法じゃ。
つぎの章から1つずつ、学んでいこう！

第 1 章

悩みに関する
3つの基本事項

青年、老人に教えを乞う

　老人と出会った翌日から、青年はレストランの営業を再開させることにした。まだ気持ちの整理はついていなかったが、いまはとにかく行動しなければいけないと考えたのだ。

　しかし、店を開けてはみたものの、相棒と過ごした日々やこれからの店のことで、すぐに頭がいっぱいになってしまった。

「シェフ、またおいしい料理を頼むよ！」

「大変だったね。がんばってくれよ！」

　常連客たちのそんな温かな言葉にさえ、青年はつくり笑顔すら返す余裕がなかった。

「えぇ……、ありがとうございます……」

　青年のそんな姿を見たスタッフたちは、とても不安になった。

「おい、うちの店は今後どうなるんだろう」

「心配だよね……」

　スタッフたちは陰でそんなことを口にした。

　長い１日を終え、人けのなくなった店の奥には、疲れ果てた青年がいた。

「がんばってみたけれど、やっぱり１人ではダメだ……」

　そんな言葉が自然と口をついた。そのとき、ふっと、あの老人の言葉を思い出した。

「悩んでいるときに進むべき道を見つけるには、ちゃんと方法があるのだよ」

　青年はいまの状態を変えたいと本気で思った。そして、老人に教えを乞うしかないと考えた。

＊

　翌日、青年は老人から渡された地図にあった住所を訪ねた。老人は青年を快く迎えてくれ、そして「時間はたっぷりある。今日はきみの悩みをすべて話してほしい」と言った。

　青年は緊張がほぐれ、自分の悩みをつつみ隠さず話した。そして、「これからぼくはなにをすればよいか、ぜひ教えてください」とお願いした。

　老人は青年をやさしく見つめて言った。

「いいとも。悩んでいるときに、進むべき道を見つける方法はいくつかある。まず、きみが知るべきことは、『悩みに関する３つの基本事項』だな。『今日１日を一区切りと考える』『悩みに対処するための“魔法の公式”を学ぶ』『悩みがもたらす悪影響を知る』について話すよ」

　青年は一言も聞きもらすまいと、老人の話に耳を傾けた。

「3つの基本」を知り、悩みと向きあえる自分になろう

●基本を知ることが解決の糸口

　物語に登場する青年は、長年の相棒だったシェフを突然亡くし、深い悲しみの淵にいます。そして、シェフとしても経営者としても自信をなくしてしまっているようです。しかし、そんな状況でも、店やスタッフの将来を考えなければならず、悩んでいます。

　みなさんも心当たりがあると思いますが、**人は悩みがあると、なかなか前に進むことができないものです。悩みは人の心を重くし、平穏な日常を簡単に奪います。そして、ときには健康に悪影響を及ぼすこともある、とても厄介なものです。**

　でも、そもそもそんな厄介な悩みはなぜ生まれるのでしょう。そしてどうすれば、わたしたちはそんな悩みを解決することができるのでしょうか。多くの人がこの難問の答えを知りたがるはずです。難問を解くヒントは、「悩みに関する3つの基本事項」に隠されています。まず、わたしたちはこの「3つの基本」を知ることから始めなければなりません。

悩みに関する3つの基本事項

基本事項1
今日1日を
一区切りと
考える

基本事項2
悩みに
対処するための
「魔法の公式」
を学ぶ

基本事項3
悩みが
もたらす
悪影響を知る

基本事項 1　今日1日を一区切りと考える

● 目の前の「今日1日」に力を尽くす

　人の悩みというのは、まだ見ぬ将来に関するものがとても多いものです。「これから自分はどうなるのだろう……」「もし、この先うまくいかなかったら……」など、「明日」を思いわずらうことによって、わたしたちは自ら悩みを生み出してしまいます。

　しかし残念ながら、人は「明日」をコントロールすることはできません。コントロールできるのは、目の前の「今日」だけです。だからこそ、わたしたちは〈「今日」という1日に集中し、そのなかで、自分ができることを一生懸命にやる〉しかないのです。

つまり、自分の力が到底及ばない「明日」にとらわれてはいけないのです。この考え方が、悩みを解決するための第1歩になります。

　もしかしたらあなたは、「明日のことを考えることも必要だ」と思うかもしれません。もちろん、明日への配慮はきちんとする必要はあります。でも、無意味に心配はしないようにしてください。目の前にある「今日」を精一杯生きるように心がけましょう。それこそが、明日への最良の準備なのですから。

　ある高校生は、来年の大学受験に合格できるか心配していた。その心配は相当なもので、受験のことを考えるだけで不安になり、鉛筆を持つ手が震えるほどだった。

　そんな状態だから、勉強にも集中できず、成績は伸び悩んでいた。ある日、そんな彼を見かねた予備校の講師が言った。

「今日1日だけ、先のことは考えずに勉強してみよう」

　高校生は講師の言葉に素直に従い、その日は先のことは考えずに一生懸命に勉強した。

　その翌日も講師は言った。

「昨日はよくがんばったね。さぁ、今日も1日だけ全力で勉強してみよう」

　そして、さらにその翌日も、講師は同じことを言った。

　そんなやりとりが続くうち、高校生は、先のことを考えて悩むよりも、1日1日やるべきことをやることが大切だと気がついた。

　翌年の春、大学のキャンパスには、無事志望校に合格をした、彼の姿があった。

　高校生は、講師の助けによって、「今日1日」を大切にすることの重要さに気づきました。そして、「今日1日だけ」と考えれば、どんなに辛い日でもがんばれると、経験によって学んだのです。

　今日1日に集中することが、悩みを遠ざけ、将来への道を開くということを、ぜひ覚えておいてください。

●過去を閉ざして、過剰な後悔をしない

　人の悩みの多くは、「将来」を思いわずらうことによって生み出されます。しかし、それだけではありません。**「過去」を後悔することによっても生み出されるのです。**

　わたしたちは、これまでの経験から、「過去はやり直しがきかない」ということを知っています。ただ、分かっていても「あのとき、ああしていれば……」「なんで、あんなことをしてしまったのだろう……」と、つい過去を悔やんでしまうのが、人という生き物です。だから、それはある程度は仕方ないことかもしれません。

しかし、度が過ぎる後悔には注意しましょう。過剰な後悔はわたしたちの人生に害を与えます。過去は、けっして取り返すことはできません。にもかかわらず、そこにとらわれてばかりいては、大切な「今日」という１日に集中することができなくなってしまいます。

だからこそ、過去といまの自分を切り離して考えるようにしましょう。「過去を閉ざす」ことは、悩みから自分自身を解放することにつながるのです。

　　ある１人の体操選手がスランプにおちいっていた。どんなに練習をしても、うまく技が決まらないのだ。

　スランプの原因は、先月の大会での失敗だった。

「あのときに、もう少し体を回転させることができていれば……」

彼女は失敗したときのことばかり考えていた。それが演技にも悪影響を及ぼしていた。

「もうダメかもしれない……、できる気がしない……」

　彼女はチームメイトに弱音をはいた。すると、チームメイトが強い口調で言った。

「一度失敗したからといって、もうダメだなんて簡単に言っちゃダメよ。同じ失敗をしたくなかったら、いま一生懸命練習するしかないじゃない！」

　その言葉を聞いて、彼女は冷静さを取りもどした。そして、失敗にとらわれ続けていた自分を恥じた。

　彼女は余計なことは考えず、練習に打ち込もうと決意した。

　スランプにおちいった彼女は、ようやく悩みから解放されたようです。もしあなたも同じように、過去を後悔し、前に進むことができなくなったら、意識的に「過去を閉ざす」という方法を試してみてください。

基本事項 2　悩みに対処するための「魔法の公式」を学ぶ

●キーワードは「最悪な事態」

　みなさんは、「悩みに関する3つの基本事項」の1つである、「今日1日を一区切りと考える」から、人の悩みが生まれる背景には、「将来」「過去」が深くかかわっていることを知りました。

また、将来を思いわずらうことなく、過去を後悔しない。今日1日を精一杯生きる。これらが、悩みから自分を遠ざけることも学びました。

しかし、悩みを解決するには、遠ざけるだけでなく、悩みが生まれたときの対処法も知らなければなりません。

じつは、〈悩みに対処するための「魔法の公式」〉があります。くわしく見ていきましょう。キーワードは「最悪な事態」です。

悩みに対処するための「魔法の公式」

第1段階

これから起こる
最悪な事態とは
どんなものか考えてみる

第2段階

最悪な事態を受け入れる
覚悟を持つ

第3段階

最悪な事態を改善する
ために努力する

第1段階

これから起こる最悪な事態とはどんなものか考えてみる

　人はふつう、これから起きる悪いことなんか考えたくないものです。なぜなら、これから起きるのは楽しいことだと思ったほうが、気持ちが楽になるからです。とくに悩んでいるときはそうでしょう。

　でも、もしみなさんが、本当に悩みに対処したいと考えるのならば、**悩んだとき、あえて自分に起きる可能性のある「最悪な事態」を考えるようにしてみてください。少し辛いかもしれませんが、より具体的に「最悪な事態」をイメージすることが大切です。**

第2段階

最悪な事態を受け入れる覚悟を持つ

　「最悪な事態」をイメージしたあとは、その事態を受け入れる覚悟を持ちましょう。

　多くの人は、最悪な事態におちいってしまうと、もがき苦しむものです。自分がそんな事態に直面していることを認めたくないという意識が強ければ強い人ほど、いっそうもがき、苦しみはますます深くなります。そんな状態では冷静な判断ができるはずもなく、より状況を悪化させてしまいます。

　だからこそ、イメージした「最悪な事態」を受け入れる準備をしておくのです。**一度受け入れる覚悟が決まると、それまでカんでいた肩の力が抜けて心が落ちつき、自分が直面している現実を見つめることができます。**

最悪な事態を改善するために努力する

「最悪な事態を受け入れる覚悟を持つ」ことができれば、心が落ちつき、いま自分が直面している事態を冷静に分析することができるようになります。そして、事態を改善するための方法も考えられるようになります。あとは、改善方法に従って行動するだけです。

　分析や改善方法の検討には、時間や労力を惜しんではいけません。自分の力を振り絞り、最大限の努力をしましょう。

　人は悩みを前にすると、つい冷静さを失いなにもできなくなってしまいます。しかし、この魔法の公式を知っていれば、悩みのなかでも心が落ちつき、冷静な判断の下で、まちがいのない対処ができるのです。

　ある町工場の社長は、業績不振に悩んでいた。

　毎日、売り上げのことで頭がいっぱいで、夜もなかなか眠ることができなかった。そして、心身ともに疲れ果ててしまっていた。

　ある日、そんな社長の様子を心配した妻が言った。

「会社がダメになったって、命まで取られるわけじゃないわよ。あなたには立派な技術があるのだから、ダメになったら、また１からやり直せばいいのよ」

　社長は妻の励ましの言葉に涙した。そして言った。

「そうだな。覚悟を決めて、やれるだけやってみるよ！」

　腹をくくった社長は冷静さを取りもどし、業績を回復させる方法を時間と労力をかけて検討した。そして毎日必死で働いた。

　その甲斐もあって、業績は徐々に回復していった。

悩みがもたらす悪影響を知る

●悩みは心身の健康を害する

悩みは、人を精神的に苦しめるだけでなく、見過ごすことができない悪影響を与えます。その悪影響とは、〈病気の原因となる〉ことです。

そういうと、みなさんは、うつ病のような心の病を思い浮かべるかもしれません。しかし、それだけではありません。胃潰瘍や不眠症、頭痛や麻痺症状、高血圧、心臓病、虫歯など、体の健康を害する病気の原因にもなりうるのです。

また、すでに抱えている病気があれば、その症状が悪化してしまうことにもつながります。さらに悩みや不安はその人から若さを奪い、一気に老けさせてしまうこともあるのです。

　ある男性はスーパーマーケットで働き、担当する売り場の主任として活躍していた。

　彼はとてもまじめで、仕事にも一生懸命取り組み、客にたいへん親しまれていた。

　そうした努力が認められ、彼はやがて店長となった。しかし、店長としての責任の重さは売り場主任とは桁ちがいに大きく、その重圧からストレスを感じるようになった。

　しばらく胃に不快感が続いていたので、心配になり病院で検査したところ、胃潰瘍と診断された。

「いままでだいぶ、むりしてきたんじゃないですか。完全にストレスですね。しばらく入院してください」

　検査結果を見ながら、医者はそう言った。

　入院することになった男性は病室のベッドに横たわり、自分のこれまでの仕事への姿勢を振り返って、「もう少し自分の体を気づかっておくべきだった……」と強く後悔した。

悩みや不安は、心身の健康にとって、とても有害です。そして、それらは姿形を変えて、何度も襲ってくるとても厄介なものです。

**　だからこそ、わたしたちは悩みや不安に対処し、そこから解放される方法を身につけなければいけないのです。**

Story

　老人からアドバイスを受けた青年は、自分が「将来」や「過去」にばかり気を取られ、悩みに振り回されていることに気づいた。

　そして、「こんな状態を続けていては、体を壊し、いずれ大事な店もつぶしてしまう。店のスタッフに迷惑をかけ、常連客たちも悲しませ、相棒にも合わす顔がない」、そう思った。

　青年は「1日1日を精一杯やってみよう」と自分に言い聞かせた。

　彼はスタッフたちに自分の決意を伝え、不甲斐ない態度を詫びた。「これから店がどうなるか不安でした。もう大丈夫なんですね？」

　スタッフの1人がたずねると、青年は強くうなずき、言った。「あぁ、もう大丈夫だよ」

悩みに関する3つの基本事項

☑ **今日1日を一区切りにして、その日を精一杯生きる**

明日に向けて準備をすることは必要ですが、過剰な心配は禁物です。今日できることを精一杯やりましょう。1日一区切りと考えれば、大変なことにも向きあえます。

☑ **悩みに対処するための魔法の公式を使う**

悩んで、これからどうしたらよいか分からなくなったら、「これから起こる最悪な事態とはどんなものか考えてみる」「最悪な事態を受け入れる覚悟を持つ」「最悪な事態を改善するために努力する」の3段階で対処しましょう。

☑ **悩みは心ばかりでなく、肉体も蝕むことを知る**

悩みは胃潰瘍や不眠症、麻痺症状、高血圧、心臓病、虫歯など、さまざまな病気の原因となり、ときには命を奪ってしまうこともあることを忘れてはいけません。

第 2 章

悩みを解決する
2つの基本テクニック

青年、理由の分からない不安に襲われる

　青年が決意を新たにしたことで、店の雰囲気は少しずつよくなっていった。スタッフたちも、青年のがんばりを応援しようと、毎日、精力的に仕事に取り組んでくれた。

　そんな活気がもどりつつある店を見て、常連客たちは安堵の表情を浮かべ、「一時はどうなることかと思ったよ。本当によかった」「また、おいしい野菜料理を頼むよ」などと、温かい言葉をかけてくれた。

「店を続ける自信を失っていた自分が、なんとかやれているのは、老人の教えのおかげだ。とても不思議な人だ。ぼくはあの人ともっと話してみたい」

　いつしか青年はそんなふうに考えるようになっていた。

　そんなある日、老人が店にやってきた。

「やぁ、ひさしぶりにきみの料理を食べたくなってね」

「ありがとうございます。おかげで店を再開することができました。少しずつですが、店に活気も出てきました。今日はおもてなしをさせてください」

「それはうれしいね。ぜひ頼むよ」

「それと……」

「ん？　なんだね？」

「またお家にうかがっても構わないですか？」

「それは構わんよ。でも、どうしたんだい？」

「じつはまだ不安で……」

「店には活気があるようだし、きみもずいぶんがんばっているし、いったいなにが不安なんだい？」

「自分でもよく分からなくって……」

　青年はそう言うと、うつむいてしまった。

　老人はそんな青年を見て、いつも通りやさしく微笑んだ。

「どうやら、いまのきみは、『悩みを解決する２つの基本テクニック』を学んだほうがよさそうだ。その気はあるかい？」

「はい！　教えてください！　それはいったいどんなものなんですか？」

「まぁまぁ、そう慌てないで。まずはおいしい料理を食べさせてくれんかね。わざわざおなかを空かせてきたんでね」

「あっ、すみません……」

　青年は少し恥ずかしそうに笑った。

「２つのテクニック」で、あらゆる悩みを解決しよう

● 問題を解決するための具体的な方法

　物語の青年は、老人の教えによって、ようやく前向きに動き出すことができました。しかし、彼にはまだ理由の分からない不安があり、「悩み」について、もっと学びたいと考えているようです。

　「悩みに関する３つの基本事項」の１つである、「今日１日を一区切りと考える」というのは、悩みを遠ざけるための重要な心構えです。そして、「魔法の公式」は、悩みのなかで冷静さを取りもどし、正しく行動するための対処法です。すでにご存知の通り、この心構えや対処法は、みなさんの悩みに対してとても有効です。しかし、残念ながらそれだけでは、わたしたちを悩ます、あらゆる悩みに対応することはできません。

　わたしたちが悩みに振り回されることなく、日々を健やかに過ごすためには、心構えや対処法だけでは足りません。**悩みを生み出す問題自体の解決法も学ぶ必要があります。そして、「悩みを解決する2つの基本テクニック」こそが、その方法なのです。**

悩みを解決する2つの基本テクニック

基本テクニック1

事実を集め、
分析して、
解決策を導く

基本テクニック2

4つの質問で
悩みを
半減させる

基本テクニック1　事実を集め、分析して、解決策を導く

●問題解決のための3つのステップ

　悩みを生み出す問題の解決法には、「事実を把握する」「事実を分析する」「決断する、そして実行する」という、〈問題解決のための3つのステップ〉を踏む方法があります。くわしく見ていきましょう。

ステップ1 → **ステップ2** → **ステップ3**
事実を
把握する
事実を
分析する
決断する、
そして実行する

ステップ1

事実を把握する

「問題解決のための３つのステップ」１つ目は、〈**事実を把握する**〉ことです。悩んでいるときに、あなたのまわりで、また、あなたの心のなかで、どんな問題が起こっているか、まずはその事実を正確にとらえるのです。

　人の悩みの大半は、事実を確かめることなく、混乱した状況のなか、なにかを判断しようとするところから生まれます。だからこそ、問題を解決するためには、事実を丁寧に集める必要があるのです。

　事実を集めるときには、「公平で客観的な事実」を集める、そう覚え

ておいてください。ともすれば人は、自分に都合のよい事実だけを集めてしまいがちです。一方で、自分に都合が悪い事実からは目をそむけてしまいます。でも、偏った事実だけを見ていては、正しい解決策を導き出すことはできません。

　では、「公平で客観的な事実」を集めるためには、具体的にどうすればよいのでしょうか。２つのポイントがあります。

　１つは「自分のためではなく、他人のために事実を集める」ということ。もう１つは「自分と対立する相手側の弁護士になったつもりで、事実を集める」ということです。「他人のために事実を集める」ことができれば、自分の個人的な感情を打ち消し、公平で客観的な姿勢を保つことができます。また、「相手側の弁護士になったつもりで事実を集める」ことができれば、自分に都合が悪い事実にも積極的に目を向けることができます。この２つのポイントを押さえて、正確な事実を集めるのです。

自分のためではなく、
他人のために事実を集める

自分と対立する相手側の弁護士に
なったつもりで事実を集める

把握した事実を分析する

　事実の把握ができたら、つぎのステップ〈事実を分析する〉です。苦労して集めた事実を分析することで、問題解決の材料にするのです。

　事実を分析するとき、ぜひやってほしいことがあります。それは、まず把握した事実を紙に書き出すということです。ただ思い浮かべるのではなく、紙に書き出してみるのです。これをするだけで、「問題の見える化」ができ、あとからの分析が楽になります。

　事実に関して書き出すのは2つあり、1つ目は「悩みの原因となっている事実はなにか」。2つ目は「悩みの原因となっている事実に対して自分はなにができるか」です。これらを思いつく限り書き出しましょう。そして「なにができるか」を書き出したら、自分ができることをしたときにどのような結果をもたらすか、その予測も書き出してください。

① 悩みの原因となっている
　事実はなにか

② 悩みの原因となっている事実に対して
　自分はなにができるか。
　できることをしたとき、
　どんな結果になるか

ステップ3

分析結果を基に決断し、実行する

　自分ができることと、それによる結果を予測したら、いくつかの選択肢のなかから、問題解決のためにやるべきことを選択しましょう。〈**勇気を持って決断**〉するのです。そして、〈**決断したら、すぐに実行**〉してください。これが最後のステップです。

　実行をためらってはいけません。一度の迷いは、新たな迷いを生んでしまい、事態をさらに悪化させます。あなたは決断するまでに、すでにさまざまな考えをめぐらせているはずです。ここまできたら自分を信じることが大切です。

　問題解決のための3つのステップを、より実践的に整理し直すと以下の4つのステップになります。悩みを解決する方法として、ぜひ試してみてください。

❶ 悩んでいる事柄を正確に
　書き出す
❷ その事柄について、自分が
　できることを書き出す
❸ なにをするか決断する
❹ その決断をすぐに実行する

4つの質問で
悩みを半減させる

●悩みを半減できれば効率が上がり、成果に結びつく

　ここまでみなさんは、悩みの原因となる問題の解決法を学んできました。最後に紹介するのは、とくに仕事の悩みを解決することに役立つ方法です。

　もしみなさんが仕事で悩みを抱えていたら、この方法をすぐに実践してみてください。方法はとても簡単です。**悩んだときに、下にある①～④の〈4つの質問をする〉だけです。4つの質問に答えていくことで、事実を確認し、解決策が思いつきやすくなるのです。**

　この方法は自分だけでなく、まわりの人の問題解決にも役立ちます。試してみてください。

①なにが問題なのか

②その問題の原因はなにか

③問題の解決策として、どのようなものが考えられるか

④考えた解決策のなかで、最良のものはなにか

　ある中華料理店の店主は悩んでいた。毎日朝から晩まで働き、客足も悪くないのに、どうにも経営がかんばしくないのだ。

「なんで、こんなに真面目に働いているのに、ちっとも利益が出ていないんだ……、なんとかしなければ……」

　そう考えた店主は、思い切って店を休みにして、店の状況を分析してみた。

　そして、問題は、店に利益が出ていないこと。その原因は、メニューが多いことで、仕入れにムダが多く、調理時間も余計にかかり、客の回転率が悪くなっていることだと分かった。

「これじゃ、利益が出ないわけだ……」

　店主は思い切って、あまり注文されないメニューを削ることにした。その数は半分以上にもなった。

　メニューを減らすことで、客が減るのではと心配した店主だったが、あらゆるムダを減らしたことで、利益は右肩上がりになった。

　中華料理店の店主は4つの質問で解決策を思いつき、悩みを解消しました。この方法できっとみなさんの悩みも半分は軽減できるはずです。

　青年は、自分がなにを不安に感じているのか、時間をかけて整理してみた。料理の味、スタッフたちとの関係、店の売り上げ……、ノートのページは、さまざまな言葉で埋め尽くされていった。そして、気づいた。

「そうか……、すべての不安は、シェフの仕事と店の経営を1人でやっていることへの不安からきているんだ……」

　青年はいま自分が置かれている状況が、すごく不安定だと感じていたのだった。

「原因は分かった。これからどうする……」

　青年は深夜まで解決策を探り続けた。

　翌日、青年は店のスタッフたちに、いまの自分の気持ちを話した。

「……というわけなんだ。店の営業日を減らすことも考えたけれど、毎日来てくれるお客さんのことを考えると、やはりいまのままで営業したいと思い直してね。そこで、みんなにお願いがあるんだ。少しだけ、ぼくの仕事を手伝ってもらえないかな」

　スタッフたちは、青年の申し出を快く受け入れてくれた。

悩みを解決する 2 つの基本テクニック

☑ 事実を集め、それを分析して、解決策を導く

「公平で客観的な事実」をできるだけ把握し、書き出しましょう。書き出すことで分析しやすくなります。分析によって解決策を導き出したら、勇気を持って決断し、すぐに実行に移してください。

☑ 4 つの質問で、悩みを半減させる

悩みを半減させるには、「①なにが問題なのか」「②その問題の原因はなにか」「③問題の解決策として、どのようなものが考えられるか」「④考えた解決策のなかで、最良のものはなにか」の 4 点から、悩みにアプローチすると効果的です。

悩みから抜け出す
6つの方法

青年、相棒の奥さんを心配する

　スタッフに自分の仕事を手伝ってもらうようになってから、青年は気持ちに余裕が持てるようになった。そんなある日、店の休みを利用して、相棒の墓参りに出かけた。早いもので、相棒が亡くなってから数か月がたっていた。

「きみがいなくなってから、しばらく大変でね、なかなか顔を出せなかったよ。ごめんな。でも、だいぶ落ちついたよ」

　墓前に花を供えて、青年は相棒に伝えた。それから店の近況やあの老人について話した。しばらくして、青年が帰ろうとしたとき、1人の女性がやってきた。相棒の奥さんだった。

「ひさしぶり。今日は店が休みだから、近況報告に来たんだ」

「そうだったの、ありがとう。あなたが来てくれて、彼も喜んでいると思うわ」

　相棒の奥さんは、そう言ってさみしそうに笑った。

　そんな彼女を見て、青年は心配になった。彼女とは葬儀のあとも何度か顔をあわせていたが、いっこうに立ち直る気配が感じられなかった。

「相棒を失って、自分も悲しみに打ちひしがれていたが、いまはなんとか前を向いて進もうとしている。でも、愛する人を失った彼女の悲しみは自分以上だろう」

　青年は墓地から帰る道すがら、彼女を助けることはできないだろうかと思い、老人に相談しようと決めた。

＊

　しばらくぶりに老人を訪ねると、老人は変わらずに快く青年を迎えてくれた。そして、墓前で会った相棒の奥さんについて話を聞いてくれた。

「彼女は愛する人を失って悲しみに暮れています。力になってあげたいのですが、よい方法はないでしょうか」

「なるほど……。彼女の悲しみは相当なものだろうね。それで前に進むことができないのだろう。なんとかしてあげたいね」

「はい……」

「大丈夫だよ、そうした状態から抜け出すための方法はちゃんとある」

　老人の力強い言葉を聞いて、青年は胸が熱くなった。

「ありがとうございます……」

「つぎの休みに、彼女を連れて来なさい。3人でゆっくり話をしようじゃないか」

　老人は青年の切実な思いにこたえるように、そう言ってくれた。

悪い習慣を断ち切り、 「悩み」から解放されよう

●「悩み癖」は習慣から

第1～2章では、「悩みに関する3つの基本事項」「悩みを解決する2つの基本テクニック」を学びました。そこで学んだ心構え、対処法、解決法は、みなさんがあらゆる悩みを解決し、前に進むための土台となります。ここからは、その土台をいかしながら、より具体的に、悩みのなかで道を開く方法を学んでいきましょう。

第3章で紹介するのは、「悩みから抜け出す6つの方法」です。

人はどんな人でも、多かれ少なかれ悩みはあるものです。しかし、同じように悩みがあっても、悩みに振り回されて身動きが取れなくなる人もいれば、前に進んでいける人もいます。

そのちがいはいったいなんでしょう。それは、悩みから抜け出す方法を、習慣として身につけているかどうかです。

悩みで身動きが取れなくなる人の多くは、悩みから抜け出す方法を習慣として身につけていません。それどころか、悩みやすくなる習慣を持っています。その習慣によって、1つの悩みがどんどん大きくなり、ますます身動きが取れなくなっているのです。

ここではそうした状態から抜け出し、本来の自分を取りもどすための方法を学びましょう。

悩みを解決するための土台

悩みに関する
**3つの
基本事項**

悩みを解決する
**2つの
基本テクニック**

第3章

悩みから
抜け出す
6つの方法

おだやかで
幸せな
自分になる
8つの方法

批判に
振り回されない
3つの方法

心身の
エネルギー
を保つ
6つの方法

方法1	忙しさのなかに身を置く
方法2	小さなことで心を乱さない
方法3	「平均値の法則」で考える
方法4	避けられない運命は受け入れる
方法5	悩みの期限を自分で決める
方法6	過去の失敗を後悔しない

忙しさのなかに身を置く

●悩む時間をつくらない

物語に出てくる相棒の奥さんは、愛する人を失って深い悲しみを抱えています。そして、あらゆる意欲を無くしてしまい、前に進めなくなっています。

しかし、このような悩みから抜け出すためには、あえて〈**忙しさのなかに身を置く**〉ということが必要です。

人の心というのは、悩みに支配されやすいものです。悩みがあるときには、つねに頭から悩みの種が離れず、気もそぞろになってしまいます。そんな状態では、なにもやる気がしないかもしれません。

でも、そんなときこそ、忙しさのなかに身を置くのです。忙しいと、そのことに集中しなければならず、ほかのことを考える時間がとれなくなります。**つまり、忙しさのなかに身を置いて、悩むことに時間を割けないようにするのです。忙しさは、悩みから抜け出すための有効な薬なのです。**

また、人は同時に2つのことを考えることができない生き物です。忙しく目の前のことに集中していると、その間は悩むことができなくなります。これは人のまぎれもない性質です。仕事であれ、勉強であれ、スポーツの練習であれ、自分の目の前にあるなにかに没頭するようにしましょう。

　ある女性社員は、突然、同僚の女性社員の間で陰口を言われるようになった。

　彼女はなぜそんなことを言われるのか、まったく心当たりがないだけに、とても悲しくなり、「なぜだろう」とひどく落ち込んだ。

　しばらく悩み続けていた彼女だったが、新しいプロジェクトに抜擢され、それまでとはくらべものにならないほど忙しくなった。

　忙しさのなかにも充実感がある毎日を過ごしていた彼女は、ある日ふっと陰口のことを思い出した。

　しかし、自分でも驚くほど、もうどうでもよくなっていた。

　この女性は、タイミングよく忙しくなったことで、悩みから解放されました。また、彼女のように忙しさのなかに目標があれば、悩みから抜け出すだけでなく、充実感を得ることもできます。みなさんも「忙しさ」を味方につけるという方法を覚えておきましょう。

方法 2 小さなことで心を乱さない

●限られた人生だから、ささいなことで思いわずらわない

　人はしばしば小さなことに気を病み、イライラを募らせてしまいます。たとえば、階上の足音、根も葉もない噂、乱暴な言葉づかい……。はじめはちょっと気になる程度だったのに、やがてストレスになり、悩みに変わってしまう。みなさんもそんな経験があるのではないでしょうか。

　でも、冷静に考えれば、**ほとんどの場合、それらのイライラの原因となるものは、取るに足らないささいなことです。つまり、人が抱える悩みのなかには、「悩む価値のないもの」が多く存在しているのです。**

　悩みが生まれたときには、〈**「本当に悩むほどのことなのか」と冷静に考え、心を乱さない**〉ようにしましょう。限られた人生のなかで、ささいな悩みに時間とエネルギーを費やしていたのでは、「もったいない」と自分に言い聞かせてください。

方法 3 「平均値の法則」で考える

●自分の悩みを過去のデータと照らしあわせてみよう

　世の中には、悩みの種となる不安はたくさんあります。とくに人は、

将来への不安で思い悩みます。これから深刻な病気にかからないか、大事故にあわないか、失業しないかなど、考えれば考えるほど、不安は生まれてきます。でも、実際にそれらは、どのくらいの確率で起こることなのでしょうか。

〈平均値の法則〉というものがあります。それは、ある心配事が実際に起きる確率を過去のデータから数値化したものです。この法則に照らしあわせると、**心配事が実際に起きる確率は、自分が考えているよりはるかに少ないということが分かります。**

つまり心配事の多くは、自分自身の想像によって生み出しているということが分かるのです。

もちろんあらゆるリスクへの備えは欠かせません。そのうえで、もしあなたがなにか心配事を抱えたら、「それが実際に起こる確率はどのぐらいなのか」の数値を調べてみてください。余計な心配事を抱える必要がなくなるはずです。

ある男性はとても困っていた。

　家族旅行を計画していたが、その家のおばあさんが飛行機には乗りたくないというのだった。

「母さん、大丈夫だよ。飛行機は安全だよ」

「なんであんな鉄の塊が空を飛ぶの！　いつ事故が起きたっておかしくないじゃない」

　男性だけでなく、ほかの家族も説得を試みるも、おばあさんは頑として聞く耳を持たなかった。

「わたしも旅行には行きたいの。でも車か列車じゃないといやよ」

　車か列車の移動では、時間は何倍もかかるし、旅費だってムダにふくらんでしまう……。悩んだ男性は考えた。

　数日後、男性はインターネットで調べた、「飛行機が墜落する確率」をおばあさんに見せたのだ。男性は続けて、「車や列車が事故を起こす確率」も見せた。２つの数字をしばらく見くらべて、おばあさんは言った。

「あら、飛行機も案外悪くないみたいね」

　家族は無事旅行に出発した。

　おばあさんは、飛行機事故が起こる確率を見せられたことで、ようやく自分の心配が思い込みだと気づきました。その数値を見なければ、きっと考えは変わらなかったでしょう。

　わたしたちは一度「こうだ！」と信じたものは容易に変えることができません。それが悩みに関するものだとしたら尚更です。「平均値の法則」はそんな思い込みから、わたしたちを抜け出させてくれるのです。

方法 4　避けられない運命は受け入れる

● 困難を運命と受け入れ、厳しい環境に慣れる

　人は生きている間にさまざまな困難に出会います。その困難から抜け出そうとがんばることは、とても大切なことです。そして、がんばりの甲斐あって、困難を乗り越えることができたなら、それは本当に素晴らしいことです。

　ただ現実には、どうがんばっても抜け出すことが難しい困難もあります。にもかかわらず、それに逆らって必死になっていては、心も体もヘトヘトに疲れてしまうだけです。

　もしあなたがそうした困難に出会ったならば、それを〈**運命と受け入れる**〉ことも大切です。

　こんなことを言うと、「ただ、あきらめているだけじゃないか！」と思う人がいるかもしれません。**しかし、じつは困難を運命と受け入れることこそが、悩みに支配され、不幸にならないための第1歩なのです。**

運命として受け入れれば、人は意外なほどその環境に慣れ、それほど大きな苦しみを感じなくなります。人の心は想像以上に柔軟なのです。

抜け出すことが難しい困難に出会ったとき、そのまま不幸への道をたどるか、幸せへの入り口を見つけられるかどうかは、自分の対応の仕方しだいなのです。

方法 5 悩みの期限を自分で決める

●悩みの損切りをしよう

株の取引をしていると、自分が買った株が大きく値を上げて大儲けすることもあれば、逆に、大幅に値下がりして大損をしてしまう場合もあります。

このように上がり下がりが激しい株の取引で大切なことは、損をするとしても一定の範囲に収まるようにしておくことです。

そのための方法として、〈ストップロス・オーダー（損切り）〉というものがあります。これは株を買うときに、あらかじめ買値よりいくら下がったら自動的に売り払うということを決めておく方法です。この方法で株を買えば、途方にくれるほどの大損はせずにすむわけです。

悩みから抜け出すためにも、この「ストップロス・オーダー」は有効です。もしあなたが悩みを抱えているなら、どのくらいの期間、悩み続けるかを決めるのです。

また、その悩みを解決するためにお金が必要なら、どの程度までの金

額を使えるかも考えましょう。その期間が来たら、また決められた金額を使ったら、あとは心のなかで「ストップ！」と号令をかけて、もう悩まないようにするのです。つまり悩みの損切りをするのです。

　高校生の彼女は小さいころからピアノを習い、将来はプロのピアニストになりたいと思っていた。その夢を実現しようと、時間が許す限り練習に励んできた。

　あるとき、彼女は地域の代表として、ピアノコンクールに出場した。このコンクールは各地から選ばれた者が参加するものだった。

　参加者たちが弾くピアノの演奏はみな見事で、彼女は自分の腕ではとても太刀打ちはできないと悟った。審査員たちの彼女の演奏に対する評価もさんざんであった。

　コンクールのあと、彼女は「これまでの自分の努力はなんだったのだろう」と嘆き、その様子は痛々しいほどだった。

しかし、しばらくして自分の未熟さを自覚した彼女は、「ピアノへのこだわりはここまで」と自分に言い聞かせた。そして、高校卒業後に進学した音楽大学では作曲を専攻した。いまでは、彼女は著名な作曲家として名前を知られている。

　ある悩みに対して「ストップロス・オーダー」を決める場合、ポイントとなるのが「その悩みは自分にとってどのくらい重要なのか」を見極めることです。自分にとってその悩みがとても重要なら、時間をかけて解決することも必要ですし、お金をかけなければならないこともあるでしょう。しかし、もし重要度がそれほどでもないと判断したなら、「ストップロス・オーダー」で決めた期間内、金額内で悩むことをストップしましょう。

方法 6　過去の失敗を後悔しない

●過去の失敗は反省してから忘れ去ろう

　みなさんは、「覆水盆に返らず」という言葉を知っていますね。取り返しのつかない過去の失敗を後悔しても仕方がない、という意味のことわざです。**物事に悩みやすい人の多くは、過去の失敗を悔やみやすいものです。しかし、いくら後悔したとしても、過去は取りもどすことができません。それに、どれだけ悩み続けていても、プラスになることはなにもないのです。**

　もしあなたが、過去の失敗について考えるのならば、失敗を冷静に分析して、つぎにいかすことを考えましょう。つまり〈**意味のない「後悔」ではなく、将来につながる「反省」をする**〉のです。そして、きちんと反省をしたあとは、もう過去の失敗など忘れ去ってしまいましょう。

　悩みや不安は、心身の健康にとってとても有害です。そして、ときに人生を停滞させてしまうものです。そこから解放されるために、６つの方法を習慣にしていきましょう。

老人に、悩みから抜け出す方法を教わった彼女は、自分を変えよ
うと必死に努力した。そして、青年はそんな彼女を全力で応援した。

　それからしばらくしたある日、「もしよければ、ぼくらの店で働い
てみないかい。最近だいぶ忙しくてね、人手が足りないんだ」

　青年はそう彼女を誘った。

　一瞬戸惑いを見せた彼女だったが、すぐに笑顔になり、「よろしく
お願いします」と言った。

　それから彼女は店の一員として、働きはじめた。慣れない仕事に
ときおり疲れた表情を見せることもあったが、同僚や常連客に支え
られながら、立派に仕事を覚えていった。

　ある日、仕事の帰り際、彼女は笑顔で言った。

「夫の生きがいだったこの店で働けて、すごくうれしい。誘ってく
れて本当にありがとう」

　青年は笑顔で彼女を見送った。

第 3 章のポイント

悩みから抜け出す 6 つの方法

☑ **あえて忙しくする**

人は忙しいと、それ以外のことは気にならなくなります。悩んだときこそ、あえて忙しさに身を置いてみましょう。

☑ **心配事が実際に起きる確率を知る**

なにか心配事があるときには、その心配事がどのぐらいの確率で起こることなのか、数値で見てみましょう。多くの心配事は、実際に起きる確率はとても低いのだということがわかります。

☑ **悩む価値がないことに、いつまでも悩まない**

小さなことで心を乱すのは時間とエネルギーのムダです。また、過去の失敗をいつまでも引きずったり、自分にとって重要度が低いことで長く悩んだりする必要はありません。そんな悩みは、タイミングを見計らって追い出してしまいましょう。

☑ **困難を受け入れ、適応する**

どうしても乗り越えられない困難に見舞われたら、運命と考え受け入れましょう。そんな運命に逆らっていたら、身も心も疲れてしまいます。

おだやかで
幸せな自分になる
8つの方法

青年、見習いシェフの様子が気になる

　相棒の奥さんが仲間になったことで、店はさらに活気を取り
もどしていった。元々評判がよかった料理に、彼女のこまやか
な接客が加わり、多くの客を満足させていた。
「このまま順調にいけば、店はあのころのようにもどれる」
　青年はそんな手ごたえを感じるようになっていた。
　そんななか、1人だけ元気のないスタッフがいた。亡くなっ
た相棒から指導を受けていた見習いシェフだ。
　料理のセンスはあるが、マイナス思考で、事あるごとに落ち
込む彼を、「きみには才能がある。焦ることなんてない」と相棒
はそう愛情を持って育てていた。彼も、そんな相棒を師匠と慕
い、くじけそうになってもがんばっていた。
　相棒が亡くなってからも、それは変わらなかったが、ここ最
近は元気がなく、仕事にも集中できていない。

　ある日の閉店後、青年は彼に声をかけた。
「最近、元気がないね。なにか悩みでもあるのかい」
　見習いシェフは苦しそうな表情を浮かべ、口を開いた。
「師匠が亡くなってから、店の役に立ちたいと、これまでがんばってきました。でも、なかなか一人前にはなれません。本当だったら、オーナーの負担が減るように、ぼくも料理をつくらなきゃいけないのに……」
　彼はいまにも泣き出しそうになりながら、話を続けた。
「師匠の奥さまだって、新人なのにぼく以上に活躍しています。最近、自分は必要ないんじゃないかと思うんです……」
「それはきみの思い過ごしだよ。きみはこの店にとって大切なスタッフだ。焦らないでいい、一緒にがんばろう」
　青年は時間をかけて励ましたが、彼の心には届いていないようだった。

＊

　青年はなんとか見習いシェフを、悩みから抜け出させてあげたいと、老人のもとを訪ねた。そして、彼の悩みについて話し、アドバイスをお願いした。
　老人は青年の話を聞くと、「彼は自分はダメだという考えにとらわれ、前を向けなくなっているようだね」と言った。
「そうなんです。いくら励ましてもダメで……」
「大丈夫だよ、そうした状態から抜け出すための８つの方法があるから」
　老人は語り始めた。

物事をポジティブにとらえ、人生を豊かにする

● 幸せのカギは心の在りよう

人は、人生で出会う物事をどのようにとらえるかによって、幸にも不幸にもなります。

人が羨むような恵まれた環境にあっても、物事をつねにネガティブにとらえ、心が平穏でなければ、その人は不幸でしょう。逆に、人から見て恵まれない環境にあっても、物事をつねにポジティブにとらえ、心が平穏であったならば、その人は幸せなはずです。**つまり、人の幸不幸は、心の在りようによって決まるのです。**

悩みを抱える多くの人たちは、本人も気づかぬうちに、物事をネガティブにとらえ、不安になり、恐怖を抱えてしまいがちです。

ときには、それらの感情が、まわりの人に対するねたみの気持ちに変わってしまうこともあります。また、「自分は不幸だ……」という感情にとらわれている人からは、自然と人が離れていくものです。これではけっして幸せになることはできません。

この第4章では、そのようなネガティブな感情に支配されることなく、ポジティブに人生を歩んでいく方法を学んでいきましょう。「おだやかで幸せな自分になる8つの方法」です。

悩みを解決するための土台

悩みに関する
**3つの
基本事項**

悩みを解決する
**2つの
基本テクニック**

第4章

悩みから
抜け出す
6つの方法

おだやかで
幸せな
自分になる
8つの方法

批判に
振り回されない
3つの方法

心身の
エネルギー
を保つ
6つの方法

方法1 前向きに考え、行動する

方法2 憎しみにとらわれない

方法3 感謝を期待しない

方法4 「ないもの」ではなく「あるもの」に目を向ける

方法5 自分らしく振る舞う

方法6 マイナスをプラスに変える方法を考える

方法7 だれかを笑顔にする

方法8 祈る

前向きに考え、行動する

●悩みの元は自分自身のなかにあることを知ろう

　見習いシェフの彼は、まわりの人たちがいきいきと働いている様子を見ながら、自分はなにもできないという、劣等感に悩まされているようです。このようにネガティブなことばかり考えていると、人は心がざわめき深い不幸の穴に落ちてしまいます。

　なぜなら、わたしたちの人生は、楽しく考えれば楽しいものに、みじめなことを考えれば、みじめなものになっていくからです。

　みなさんはそう聞くと、「考え方1つで、人生が変わるはずなんかない」と思うかもしれません。しかし、これはまぎれもない真実なのです。**人生は思考によってつくられるのです。**

ポジティブな考え方

幸せな人生

　世の中には、人の劣等感を刺激し、ネガティブな考え方におちいらせる物事が、そこかしこに転がっています。「自分は貧乏なのに、あの人はとても余裕のある生活をしている……」「同僚はどんどん出世していく……」「友だちには恋人がいて、自分は1人だ……」など、枚挙にいとまがありません。

　だからこそ、どんな物事に出会っても、「前向きに考える」ことがとても大切になります。前向きに考えることで、行動も前向きに変わり、気分も変わり、まわりの状況も変わっていくのです。

　もしあなたが、物事をネガティブに考えそうになったら、前向きに行動することを強く意識しましょう。行動と感情はつながっているので、明るく振る舞えば、劣等感を解消し、前向きに考えることができるようになるのです。

　悩みの元は、自分のまわりではなく、自分自身のなかにあります。〈**前向きに考え、行動する**〉ことこそが、自分が幸福に近づくための第1歩なのです。

ある男子高校生はひどく落ち込んでいた。最近、つきあっていた彼女から「別れたい」と言われたのだ。

　彼女によると、彼はいつもネガティブな発言ばかりしていて、一緒にいても楽しくないということだった。

　彼は彼女と一緒にいるときの自分の発言を思い出した。「どうせぼくは背が低いし」「○○とくらべると成績が悪いし」「あいつは家がお金持ちで羨ましい」……。

　思い出せば出すほど、自分がネガティブな発言をしていることに気づいた。そして、これではフラれても仕方ないと思った。

　彼はそれから、自分や物事について、前向きにとらえるよう、強く意識するようになった。すると行動も前向きになり、どんどん魅力的になっていった。

　男子高校生は手痛い経験をきっかけに、自分の持っていたネガティブ思考に気づきました。そして、物事の考え方や心の持ち方を変えることで、前向きで魅力的な人になったのです。

最後に、みなさんに、前向きな自分になるための 10 カ条をお伝えします。この 10 カ条を「今日 1 日」胸に刻み、実行してみてください。

前向きな自分になるための10ヵ条

❶ 今日だけは、幸せに過ごそう。
　幸せは外からやってくるものではなく、
　自分のなかから生まれるものだから。

❷ 今日だけは、周囲の出来事をそのまま
　受け入れて、自分をその場に
　順応させよう。

❸ 今日だけは、運動をし、十分な栄養を
　とって、体を健康に保とう。

❹ 今日だけは、自分のためになることを
　集中的に学び、精神を鍛えよう。

❺ 今日だけは、魂を訓練するために
3つのことをしよう。そして2つ以上は、
あえて自分がしたくないことをやろう。

❻ 今日だけは、愛想よくして、他人を
とがめたり、小うるさく説教したりせずに
できるだけほめよう。

❼ 今日だけは、今日1日だけを生きると
心に決めて、抱えている問題すべてに
対処することをやめよう。

❽ 今日だけは、1日の計画を立て、時間割を
つくってその通りに行動することを
試みてみよう。

❾ 今日だけは、1人でくつろぐ時間を
30分つくろう。その時間を使って、
神に思いをはせるなど、ふだんは
考えないことに思索を深めよう。

❿ 今日だけは、幸福になることを恐れたり、
楽しむことを恐れたりしないように
しよう。

方法 2　憎しみにとらわれない

● 人を憎むと自分がボロボロになる

　人はだれかに憎しみの感情を抱くと、その感情にとらわれ、心が支配されてしまいます。「憎い相手を傷つけたい」「仕返ししたい」という負のエネルギーが、自分も傷つけるのです。

　憎しみによる傷は、心だけでなく、体にも及びます。不眠になったり、食欲が減退したり、血圧異常を引き起こしたり……。心の平穏だけでなく、体の健康も奪うのです。さらに、憎い相手に、自分の貴重な時間を捧げることにもなります。

　もしあなたが、すでにだれかを憎んでいたら、相手を許して〈**憎しみを忘れる**〉ようにしてください。それは簡単なことではないかもしれません。でも、相手を許すのは、相手のためなんかではありません。結局、自分自身の健康と幸福のためなのです。

　そのための具体的な方法、それは、強い信念を持つことです。強い信念の前では、あなたが抱いている憎しみの感情が、ちっぽけなものだと気づかされるはずです。

　もし人に対して憎しみの感情が生まれそうになったときには、ぜひ思い出してください。

　　大学生の彼女は20歳を迎え、成人式に参加した。そこには絶対に会いたくないと思っていた同級生も来ていた。

彼女はその同級生からいじめを受けていて、いまだにその同級生のことを憎んでいた。

　成人式で再会したことで、さらに憎しみが大きくなった。そしてなにか仕返しがしたくなった。

　しかし、彼女はふみとどまった。彼女には、子どもに寄りそう教師になるという夢があり、ちっぽけな復讐でその夢を台無しにしたくなかったのだ。自分の夢を考えると、同級生への憎しみは自然と収まっていった。

　大学を卒業した彼女は夢を叶えて、立派な教師になった。

　彼女には、子どもたちに寄りそう教師になるというゆるぎない思いがあり、それが憎しみを和らげたのです。このように高く強い志があれば、憎しみは外にはじかれるのです。

方法 3 感謝を期待しない

●「人は感謝を忘れやすい」と覚えておく

他人になにかをしてあげたとき、相手からの感謝の言葉を期待する。多くの人がそうでしょう。人によっては、言葉以上のなんらかの見返りを期待するかもしれません。

でも、残念ながら、**大きな思いやりを受けたり、なにかを贈られたりしても、相手が感謝をしてくれるとは限りません。なぜなら、人という生き物は、そもそも感謝を忘れやすいからです。**

相手からのよい反応を期待していたのに、それがなかったら、裏切られた気持ちになるかもしれません。ときには、自分がみじめに思えてくることもあるでしょう。もしかしたら、「それならば、自分も人に感謝なんかしない！」という態度を取りたくなるかもしれません。

このように感謝を期待していると、自分の心を痛めつけるばかりです。人生に幸福を見つけたいのならば、〈**相手からの感謝や見返りなど気にせず、人になにかをしてあげればいい**〉のです。あなたの愛情ややさしさを、相手の反応だけに求めないようにしましょう。

その老人は、毎朝近くの公園の掃除をしていた。

しかし、近所の人たちは、だれもそのことに気づいていなかった。だれかが掃除しているなんて考えもせず、当たり前のように利用していた。

老人の孫は、そのことに少し腹を立てていた。

「じいちゃん、もう掃除はやめたほうがいいよ。毎日掃除をしているのに、だれも感謝していないよ」

　孫の言葉を聞いて、老人はおだやかに言った。

「いやいや、そんなことはどうでもいいんだよ。毎朝早起きして、公園を掃除するとね、自分の気持ちも綺麗になった気がするんだ。それに、公園が綺麗なことで、だれか1人でも気分がよくなったら、それはうれしいことじゃないか」

「そっか……」

　翌日、公園には、老人と一緒に掃除をする孫の姿があった。

　孫は、だれも老人に感謝していないことに腹を立てていました。しかし、老人が、自らの行動によって幸せを感じているということを知り、感謝や見返りとはちがう「与える」ことの素晴らしさを学んだのです。

方法 4 「ないもの」ではなく「あるもの」に目を向ける

● 自分にあるものを活用する

どんな人でも、お金持ちを見たら、多少は羨ましいと思うでしょう。でも、自分は同じようになれないなんて考え、悩んだり、ねたんだりはけっしてしないでください。

なにかにつけて他人を羨み、自分は恵まれていないのだと思ってばかりいたら、心に平穏が訪れることはありません。そして、いつまでも、前向きに人生を歩めなくなってしまいます。

大切なのは、〈いま自分にあるものに目を向けて、それを最大限に活用すること〉です。

改めて自分にあるものを見つめ直してみると、じつは、自分が恵まれていると思うことが少なくありません。人は、ふだんはそのかけがえのなさに、なかなか気づきません。でも、その気がつかないもののなかに、幸せになるきっかけは隠れているものです。

自分らしく振る舞う

●大切なのは、自分は自分でしかないことに気づくこと

　世の中には、「あの人のようになりたい」と、だれかをお手本にしてがんばる人がたくさんいます。あこがれの人を持ち、その人に近づきたい、そんな気持ちはよく理解できます。

　でも、みなさんが、ポジティブに人生を歩んでいきたいのならば、だれかの真似はオススメできません。なぜなら、人は結局、自分自身にしかなれないからです。

　たとえ、あなたがだれかの真似をして、上手に振る舞っても、それはどこまでいっても、その人のコピーでしかありません。それなのに、それに気づかず真似を続けていれば、やがて自分の資質を無くしてしまいます。そして、その資質にこそ、自分自身の大切なオリジナリティがあるのです。

　だれかの真似をするのではなく、〈自分らしく振る舞う〉ようにしてください。あなたは、だれにも代えがたい存在であり、そこに素晴らしさがあるのですから。

　あるアイドル志望の女子高生は、鏡の前で深いため息をついていた。これまで何度もオーディションを受けているのに、どうしても合格できないのだ。
　「なんで、合格できないんだろう……、人気のあるアイドルのメイ

クの仕方、髪形、話し方、笑い方、全部研究したのに……」

　悩んだ彼女は、親友に相談した。

「はっきり言うね、人の真似ばかりしているからダメなのよ」

　親友の意見を聞いて、彼女はこれまでの自分の努力がムダになったような気がして、とても落ち込んだ。でも、このまま同じことをしていても結果は変わらないと思い、人の真似をするのはやめた。

　それから数週間後のオーディション会場には、それまでとはまったくちがった素の彼女の姿があった。

「おっ、あの娘、すごくいいね」

「笑顔が素敵ですね」

　審査員たちは彼女を見て、そう口にした。

　女子高生の彼女は、親友の意見を受けとめ、自分らしく振る舞ったことで、審査員たちの印象がよくなりました。**自分らしく振る舞うことは自分の長所をいかすことにつながります**。そのため、だれかの真似をするより、よい結果が出ることが往々にしてあるのです。

マイナスをプラスに変える方法を考える

●失敗や困難と向きあう姿勢がカギ

みなさんは、大きな失敗や困難な状況に直面したとき、どんな態度をとるでしょうか。自分を不運だとあわれむでしょうか。早々にあきらめて無気力になるでしょうか。あるいは、現状を乗り越えるための方法を考えるでしょうか。

人生における幸不幸は、そこに向きあう、みなさんの姿勢によって大きく変わります。自らの運命を受け入れて、「ここからどんな教訓が学べるだろうか」「どうすれば状況をよくすることができるだろうか」と考える。この姿勢が大切です。

なぜなら世の中には、マイナスであることが、視点を変えることでプラスになることもあるからです。また、マイナスの状況が、なにかを生み出す力になることもあります。

マイナスの状況をプラスに変えるのは、けっして容易なことではありません。なかには、最後までプラスに変えることができないこともあるでしょう。でも、その可能性を見つけようとする姿勢こそが、人生を充実させる種になります。

どんな状況においても、あきらめず、〈**マイナスをプラスに変える**〉ことを意識しましょう。

　貧しい家で生まれた彼は、幼いころから家族のために働かなければならなかった。もともと勉強は好きだったが、進学はあきらめざるをえなかった。

　でも、どうしても勉強したかった彼は、日中は働き、夜間学校にいくことに決めた。クタクタに疲れた体で、学校に通うのは大変だったが、勉強はとても楽しかった。

　生徒のなかには、「どうせ自分はダメだ」「忙しくって勉強できない」と、学校に来なくなる者も多かったが、彼は気にも留めず、一生懸命通い続けた。

　そして、彼は奨学金で大学に入学した。

　いま、彼はその大学の研究者として働いている。

　彼は、貧しさのなかでも、けっして自分の可能性をあきらめず、自身の不遇を力に変え、道を切り開きました。見事にマイナスをプラスに変えたのです。

方法 7　だれかを笑顔にする

● 他人への思いやりは、自分のため

　もしみなさんが、なかなか悩みから抜け出せないようなときには、〈だ
れかを笑顔にする〉ことを心がけてください。

　「だれかを笑顔にすると、どうして悩みから抜け出せるの？」と思う
でしょうか。でも、そこにはきちんとした理由があるのです。

　人は悩んだり、自分が不幸だと思ったりすると、気分がうつうつとし
て不安になり、自分のことばかり考えるようになるものです。そして考
えれば考えるほど、不安や恐怖にさいなまれていきます。

　**そんなとき、「どうしたら人を笑顔にすることができるか」と真剣に
考えると、意識が自分から離れ、自然と不安も解消されるのです。つま
り、他人に興味を持つことで、自分自身を忘れるのです。**

　人を思いやり、自分も悩みから抜け出せて幸せになる。「だれかを笑
顔にする」は、そんな素敵な方法です。ぜひ試してみてください。

方法 8 祈る

●祈ることは、前を向いて歩き出すための力になる

歴史に残るような偉人たちは、人並みはずれた優れた能力があって、困難をたやすく乗り越えて、前に進んでいったのではないかと、多くの人は思っているかもしれません。

でも実際には、わたしたちと同じように、困難に直面するなかで悩んだり、迷ったりしていました。そして、ときには神や仏に〈祈る〉ことで困難な状況を切り開き、前に進んでいったのです。

このことは、「祈り」がその人から悩みや不安を取り除き、心に安らぎや力を与えてくれるものだということを、わたしたちに教えてくれています。

人は自らの悩みを言葉にして祈ることで、自分の悩みが整理でき、前に進むことができるようになります。さらに、だれにも言えない悩みを打ち明けて祈ることで、それまで自分1人で背負っていた重荷をだれかと分けあっているような気持ちになることもできるのです。

　青年が見習いシェフに、老人からのアドバイスを伝えると、彼は戸惑いの表情を浮かべた。

「なんだか、どれも難しそうですね……」

「いや、きみなら大丈夫だよ」

　青年がおだやかに伝えると、見習いシェフはいまにも泣き出しそうになりながら、「どうしてそんなことが言えるんですか……。ぼくは自信がないんです……」と言った。

「きみなら大丈夫だよ……、だって、ぼくの相棒がきみには才能があるって言っていたんだよ」

　青年は笑顔でそう言った。

　その言葉を聞いた見習いシェフは泣きながら、うなずいた。

　それから見習いシェフは、青年から教わったアドバイスを1つずつ自分のものにしていった。そして、しだいにいきいきと仕事に取り組むようになっていった。

「オーナー、この料理食べてくれませんか？　試しにつくってみたんです」

「おっ、おいしそうだね」

おだやかで幸せな自分になる８つの方法

☑ **心の安らぎを自分でコントロールする**

心の安らぎは、自分の考え方や気持ちの持ち方によって大きく変わります。まずは前向きに考え、行動しましょう。そして、人を憎むことは自分を傷つけることであり、エネルギーのムダ使いであると考えるようにしましょう。

☑ **自分と他人の関係性を理解する**

人になにかをしてあげるのは、感謝されるためではなく、自分が喜びを感じるからです。他人を喜ばすこと、他人を笑顔にすることは、自分の幸せにつながります。

☑ **等身大の自分を受け入れる**

自分に「ないもの」を羨ましがっていては、キリがありません。いまある条件のもとで、できることを精一杯やって、他人を真似せず自分らしく振る舞いましょう。

☑ **困難や失敗から学ぶ**

困難や失敗は、自分になにが足りないかを教えてくれます。前に進むためには、困難や失敗から学ぶことが大切です。困難や失敗を乗り越えるときは、祈ることも力になります。

批判に振り回されない
3つの方法

青年、クレームに悩む

　レストランでは、見習いシェフが考案した新しい料理を正式なメニューに加えた。このメニューの評判は上々で、スタッフたちのやる気はいっそう高まり、より多くの客に喜んでもらおうと努力を重ねていた。

　そんなある日、一本のクレームの電話がかかってきた。
「お前の店はどうなってるんだ！　最近はめっきり味も落ちたし、スタッフの接客態度も最悪だぞ。責任者を出せ！」

　電話に出た見習いシェフが青ざめ、青年に助けを求めた。受話器から聞こえる怒鳴り声で、スタッフの間に緊張が走る。
「貴重なご意見ありがとうございます。失礼ですが、お客様のお名前をおうかがいしてもよろしいでしょうか」

　青年が毅然とした態度で相手の名前をたずねると、電話は切れてしまった。

　それから毎日のように、同じ相手からクレームの電話がかかってくるようになった。毎回、名前をたずねても答えず、ただ店の文句を言うばかりだった。そして、その内容は回を増すごとにエスカレートしていった。

　スタッフたちも電話に怯えるようになり、客には気づかれていないが、店の雰囲気はしだいに悪くなっていった。

　青年は「みんな大丈夫だ。ほっとけばいい」と言ってはいたが、「なぜ心当たりのないことで、これほどクレームを言われなくてはならないのか」と正直気持ちが沈んでいた。

　そして、「このままではみんな参ってしまう」と考え、老人に相談することに決めた。

＊

　その日も老人はいつもと同じように、いやな顔ひとつせず笑顔で迎えてくれた。そして、青年の悩みを、時間をかけて聞いてくれた。

「……なるほど、それは大変だったね。お店のみんなも相当いやな思いをしているんだろうね」

「はい、最初はすぐに終わると思ったんですが、いっこうにやむ気配がなくって……。こう続くと、みんな参っています。なにかよい方法はないでしょうか」

　老人はしばらく考えたあとに、「批判や非難に対処するための方法が３つほどある。それを教えてあげよう」と言った。

「ありがとうございます」

　青年は真剣なまなざしで老人を見つめた。

批判や非難を恐れない自分をつくる

●批判や非難とどう向きあうか

　人は、他人から批判や非難をされると、怒りや悲しみ、不安や恐怖などを感じ、心にダメージを受けます。そして、それが原因で体に不調をきたすことも少なくありません。

　もしみなさんが、**他人から批判や非難を受け、それがいわれのないものならば、自らの心や体、さらには尊厳を守るために、確固たる態度ではねのけなければなりません。**

　一方で、その批判や非難が真っ当なものであれば、それが厳しい意見だとしても、素直に受け入れ、自らの成長の種にしていきたいものです。批判や非難との向きあい方はとても難しく、時と場合によって、変わるものなのです。

　この第5章では、人からの批判や非難に対して、みなさんが、どのように向きあい、どう行動すればよいかを紹介します。心ない言動をはねのけ、有益な意見を受け入れるための、「批判や非難に振り回されない3つの方法」です。

　この方法をマスターすることができたら、みなさんは自ら選んだ道を、迷わず進めるようになります。

悩みを解決するための土台

悩みに関する
**3つの
基本事項**

悩みを解決する
**2つの
基本テクニック**

第**5**章

悩みから
抜け出す
6つの方法

おだやかで
幸せな
自分になる
8つの方法

批判に
振り回されない
3つの方法

心身の
エネルギー
を保つ
6つの方法

方法1 批判や非難は
ほめ言葉の裏返しと
考える

方法2 ベストを尽くした行いを
心がける

方法3 自分が最大の
批判者になる

批判や非難は
ほめ言葉の裏返しと考える

●評価していなければ批判はしない

　青年の店は、おいしい料理と心づかいのある接客で、とても評判がよい店です。そんな店がなぜいわれのない批判を受けるのか、青年をはじめ、スタッフたちはその理由が分からず、困惑しています。

　でも、自分になんの落ち度がなくとも、批判や非難を受けることはよくあります。それは、人の「ねたみ」の感情を刺激してしまったときに、とくに起こりがちです。

　ねたみとは、人を羨む感情であり、その感情が過ぎると、行動さえも歪んでいきます。そして、それが批判や非難で相手を傷つけ、自分のうさを晴らすという行為になるのです。

　人は、まったく評価しない相手に対して、根拠のない批判や非難はしません。つまり、〈批判や非難は、ほめ言葉の裏返し〉ということなのです。もしあなたが、このような批判や非難を受けたときは、「自分をほめてくれているんだな」「関心を持ってくれているんだな」と、おおらかな気持ちで受け取るようにしてください。

　　ある中小企業は、高い技術力をいかし、つぎつぎと画期的な製品を生み出して、評判となっていた。

　　あるとき、「こんな小さい会社に、これほどの製品がつくれるわ

けがない。なにか不正をしているのではないか」という批判が寄せられた。社員たちは自社の技術に誇りを持っていただけに、そんないわれのない批判にショックを受けた。

しばらくしてその批判した人物は、自分たちと似た製品を製造している大企業の社長だと分かった。そして、その企業の製品はあまり評判がよくないことも分かった。

それを知った中小企業の社員たちは、自分たちに向けられた批判の理由は、ただのねたみだと気がついた。それからは社員一丸となって、より新製品の開発に奮起した。

大企業の社長からの批判は、「中小企業には技術力がない」という思い込みと嫉妬による、いわれのない不当なものです。中小企業の社員たちはそのような批判を自社への高い評価ととらえ、それをバネにさらによい製品の開発に取り組むようになったのです。

ベストを尽くした行いを心がける

●笑顔で平然と振る舞える自分がカギ

　もしみなさんが、だれかからいわれのない批判や非難を受けたら、どう感じるでしょうか。きっととても傷つくのではないでしょうか。それに、まわりの人が誤解して、自分のことを悪く思うんじゃないかと不安にもなるかもしれません。

　でも、安心してください。そんな批判や非難を、あなた以外の人はあまり気にしないものです。なぜなら、よくも悪くもほとんどの人が、自分以外のことに、あまり関心がないからです。さらに、ほとんどの批判や非難は一時的なもので、すぐに忘れられていくのです。

　まったく心当たりのない批判や非難を気に病み、傷ついてしまう。これは、とてももったいないことです。不当な批判や非難に対しては、気にせず平然として笑顔でこたえる。これが最大の対処法です。

　そして、笑顔で平然と振る舞える自分でいるためには、〈**日ごろからベストを尽くそうとする心がけ**〉が必要です。

　批判や非難をされても、「自分はここまでやっているのだから、的はずれな意見だ」と笑って受け流せる自分になりましょう。

　　ある女子高校生は、テストでとても高い点数を取り、先生からほめられた。

　以前の彼女は、けっして勉強ができるタイプではなかったが、一生懸命に努力したのだ。

　しかし、彼女はクラスメイトの1人から「カンニングしただろう」と言われた。そして、そのクラスメイトは、まわりの人間にもいい加減な話を言いふらした。

　そんないわれのない非難を受けた女子高校生だったが、彼女はまったく気にしなかった。「必死にがんばったから、わたしは上位に入れたんだ」、そう自分自身が知っていたからだった。

　その後、女子高校生が続けて高得点を取ると、クラスメイトはもうなにも言わなくなった。

　努力してテストで高得点を取ったのに、クラスメイトからカンニングをしたと疑われてしまったら、ふつうは傷つき、とても悔しいはずです。しかし、この女子高校生は平然としています。それはふだんから勉強を怠っていないという自負があったからこそ可能だったのです。

自分が最大の批判者になる

●有益な批判を受け入れ、成長の種にする

　ここまで、いわれのない批判や非難に振り回されない方法を学んできました。ただ、批判や非難のなかには、自分が足りなかった物事に、気づかせてくれるものもあります。最後に、みなさんが自分を成長させる批判や非難とうまくつきあう2つの方法について学びましょう。

　まず1つ目は、他人からの批判や非難を、自ら求めに行くことです。自分の足りないところや欠点に気づかせてくれる批判や非難はただ待っているだけでは、なかなか自分に届きません。だからこそ、自ら求めに行く姿勢を持つのです。そして、他人から指摘された自分の至らない点は素直に受け止め、自分の学びとしましょう。指摘してくれた人に対する感謝も忘れないようにしてください。

　2つ目は、自分がほかのだれよりも、自分を厳しく批判する人間になることです。そのために、自分のミスを記録し、自己分析を習慣にしましょう。自分の失敗に対して、「どんな失敗を犯したのか？」「よかったところは？」「改善できる部分は？」「この経験からなにを学べるか？」を習慣的に問い続けるのです。

　この2つの方法を実行すれば、他人からの批判に対して、臆病にならずにすみます。さらに、〈**あなたはあなた自身に対する強力で建設的な批判者になる**〉ことができ、自分を成長させることができるでしょう。

　ある作家は、若いころに有名な文学賞を受賞し、その後の作品も高い評価を受けてきた。いまは大家と呼ばれるようになり、目立った批判も聞かれない。

　しかし作家は、このごろの作品は昔とくらべると多少レベルが落ちているのではないかと思っていた。

　そんなとき、ある評論家が彼の最新作を批判した。その批判には作家に対する愛情がにじみ出ていて、作品を十分に読み込んでいることもよくわかった。そして、批判自体も的を射たものだった。

　作家は、自分の作品を読み込んでくれたことに感激し、その文芸評論家に感謝の手紙を出した。

　それから、作家は作品の完成度を高めるために、いっそう精魂を込めて、執筆に向きあうようになった。

　この作家は、自分への批判は的を射ていると受け取り、さらに完成度の高い作品を目指します。それができるのは、作家が自分の作品を冷静に分析できる視点を持っていたからです。

青年は老人から受けたアドバイスを、丁寧にスタッフに伝えた。

「……ということなんだ。どれもいざ実践するとなると、なかなか難しいかもしれない。だからこそ、みんなで協力してやっていく必要があるんだ。ここが正念場だ、一緒にがんばろう！」

「そうね、今回のクレームは、やっぱりやっかみだと思うわ。だってこの店は素敵ですもの」

　相棒の奥さんが少しおどけるように口にした。

「ぼくもクレームに振り回されず、やれることをしっかりやります」

　見習いシェフも元気よく言った。

「ぼくは店に寄せられるさまざまな意見と冷静に向きあってみるよ。店を成長させてくれるヒントが隠れているかもしれないからね」

　青年のその言葉でみんなに笑顔がもどった。

　それからもクレームの電話は続いた。しかし、みんなもう動じることはなかった。しばらくしたある日、見習いシェフが言った。

「あっ、そういえばあの電話かかってこなくなりましたね」

批判に振り回されない3つの方法

☑ 批判は自分へのほめ言葉と考える

いわれのない不当な批判や非難は、やっかみによるものも少なくありません。そんな批判や非難は「自分を評価している証拠であり、ほめ言葉の裏返しなのだ」と考えましょう。

☑ 日ごろからベストを尽くす

日ごろからベストを尽くした行いをしていれば、いわれのない不当な批判や非難を受けたとしても、気にせず平然としていることができます。

☑ 有益な批判を自分の成長の種にする

批判のなかには自分を成長させてくれるものもあります。そうした批判は素直に受け止めましょう。また自ら積極的に求める姿勢も意識しましょう。

心身のエネルギーを保つ
6つの方法

青年、体も心も疲れる

　ある日の午後、ランチ営業を終えた店内で、青年は急なめまいを起こした。近くにいた相棒の奥さんが、よろけた青年を支えたので大事には至らなかったが、1人だったら怪我をしていたところだった。

「オーナー、大丈夫 !?」

「あぁ、ごめん……、ちょっとめまいがしただけだから……」

「きっと疲れがたまっているのよ。今日はもう帰って、ゆっくり休んだほうがいいわ」

　いつもの青年ならスタッフに心配をかけまいと、むりをするところだが、さすがに不安になり、素直に従った。

　店をスタッフに任せて、家に帰り、ベッドに横たわると、これまで感じたことのない疲労感に襲われた。そして、そのまま深い眠りに落ちた。

　翌朝、青年が目を覚ますと、体は鉛のように重かった。それが原因なのか、どうしても、仕事をしたいという気持ちになれなかった。悩んだ挙句、店は臨時休業することにした。

　青年は昼過ぎまで横になっていたが、店やスタッフのことばかり考えてしまい、気持ちはまったく休まらなかった。それどころか、弱気になり、また悩みを抱えそうになっていた。

＊

　青年は気分転換のために出かけた。すると、駅前の広場でばったり老人と出くわした。

「やぁ、こんな時間に珍しいね。店は休みなのかい？」

「はい、臨時休業にしたんです……」

　青年が元気なく答えると、「ほぅ、どうにも元気がないね」と老人が心配そうに言った。

「じつは……」

　青年は昨日の出来事と、いまの自分の状態を話した。

「それは大変だったね。これまでの疲れが一気に体にきたのだろう。おまけに、気持ちも疲れているようだ」

　しばらく沈黙があったあと、老人は続けた。

「わたしはね、これからもきみの店でおいしい料理を食べたいと思っているんだよ。そのためにも、きみや店の人たちには元気でいてもらわなくっちゃね。『心身のエネルギーを保つ６つの方法』というものがある。話を聞く元気はあるかね？」

　青年は静かにうなずいた。

　老人の最後の講義が始まった。

疲れを予防し、
悩みを生み出さないために

●疲れは悩みを引き起こす

　みなさんは、疲労が、風邪などの病気への抵抗力を弱めるだけでなく、悩みや不安の原因になることをご存知でしょうか。

　人は、心身に疲労があると、ふだん受け止められるようなことが、簡単に受け止められなくなってしまいます。そして、ささいなことにイライラしたり、物事を冷静に判断できなくなったり、無力感にさいなまれたり、あらゆる弊害が生まれます。それが、わたしたちのなかに、悩みや不安を引き起こすのです。

　この第6章では、そんな疲労を、どのようにすれば予防することができるかを学びます。

　これまで学んできた悩みや不安の解消法とはちがい、悩みや不安の原因となる疲労を取り除き、心身ともに元気になる6つの方法を紹介します。どれもすぐに実践できるものばかりです。

　あなたのまわりに、疲れている人はいませんか。そして、あなた自身も知らず知らずのうちに、疲労をため込んではいないでしょうか。

　いまの自分の状態と向きあいながら、6つの方法を1つずつ丁寧に学んでいきましょう。

悩みを解決するための土台

悩みに関する
**3つの
基本事項**

悩みを解決する
**2つの
基本テクニック**

悩みから
抜け出す
6つの方法

おだやかで
幸せな
自分になる
8つの方法

批判に
振り回されない
3つの方法

第**6**章

心身の
エネルギー
を保つ
6つの方法

方法1 疲れる前に休む

方法2 リラックスの習慣を
身につける

方法3 悩みを減らして
疲労から抜け出す

方法4 仕事の疲労と
悩みを予防する

方法5 仕事が楽しくなる
工夫をする

方法6 不眠症で
悩まないようにする

疲れる前に休む

●疲れの予防にはこまめな休息を

　青年は疲労がたまり、体調をくずしてしまいました。体が思うように動かせず、気持ちのバランスもくずしかけているようです。

　このような状態にならないためには、〈**疲れる前にこまめに休む**〉ことが大切です。なぜなら、疲労というものは、本人も気づかぬうちに、ものすごい速度でたまってしまうからです。

　もしかするとみなさんは、「休んでばかりいたら、やるべきことができなくなってしまうんじゃないか」と思うかもしれません。しかし、そんなことはありません。

　ある実験では、同じ時間内で、休みなく仕事をした人よりも、こまめに休みをとって仕事をした人のほうが、たくさんの量をこなすことができたという結果も出ています。つまり、こまめに休憩したほうが、疲れをためず効率的に、物事を進められるということなのです。

　一生懸命はすばらしいことですが、**疲労をためこみ過ぎれば、人は心身のバランスをくずしてしまいます。そして、悩みや不安が生まれ、前に進めなくなってしまいます。疲れの予防は悩みの予防につながります。**疲れる前にこまめに休むことを、ぜひ覚えておいてください。

　ある新入社員は、倉庫に大量の荷物を運び込む作業をしていた。
　彼は定時までに、すべての荷物を運び込むため、休みなく働いた。

しかし、残念ながら時間内に終わらず、残業することになった。

　ようやく作業を終えた彼は、ヘトヘトになりながら「これじゃあ、明日に疲れを残してしまうな。明日も仕事だってのに……」、そう不安をもらした。

　一方、彼と同じ仕事をしていたベテラン社員は、定時までにすべての荷物を倉庫に運び入れ、早々に帰宅していた。

　新入社員は、翌日、ベテラン社員にたずねた。

「昨日の荷物、どうやって定時までに運び込んだんですか？」

「疲れる前に、こまめに休みをとったのさ。そうしたほうが効率よく運び込めるんだよ」

　彼ら2人のちがいは、こまめに休むことの大切さを、知っているかどうかでした。このように、疲れる前に休むことによって、仕事量も心身の状態も、大きく改善できるのです。これは肉体労働だけでなく、知識労働にも同じことがいえます。

リラックスの習慣を身につける

●精神的な緊張をほぐすのがカギ

　みなさんは、人が疲労を感じるのは、肉体的な要因、精神的な要因、どちらが多いと思いますか。

　じつは、わたしたちが感じる疲労の大半は、精神的な要因から生み出されています。退屈、恨み、不満、無力感、不安、悩みなどのマイナスな感情が精神的な緊張になって、わたしたちを疲れさせているのです。

　もちろん疲労には、肉体的な要因のものもあります。しかし、それはたいてい睡眠や休息によってすぐに回復できるので、甚大な悪影響を及ぼすことは多くありません。

　わたしたちが本当に疲労を取り除くためには、精神的な緊張への対処が必要です。では、具体的にどうすればよいのでしょうか。その答えは、〈リラックス〉です。筋肉と神経の緊張を緩めるために、ただひたすらリラックスをするのです。そのための４つの方法はつぎの通りです。

❶ どんなときもリラックスする

よれよれの靴下をイメージして、
自分の体から力を抜いてください。

❷ できるだけ楽な姿勢で働く

体の緊張が、肩こりや神経疲労の原因
になることを覚えておいてください。

❸ 1日に4、5回、自分をチェックする

「自分は必要以上にがんばり過ぎて
いないか？」「不要な筋肉をつかって
いないか？」と自問してください。
これはリラックスの習慣につながります。

❹ 1日の終わりに、もう一度自分をチェックする

「どれだけ疲れているか？」自問して
ください。もし、とても疲れていたら、
それはその日の過ごし方が
悪かったためだと考えてください。
そして改善を図るようにしましょう。

　この❶〜❹の方法を、ぜひみなさんの習慣にしてください。習慣にすることができれば、みなさんは疲労を抱えにくくなります。そして日常的に、余計な悩みや不安も遠ざけることができるようになるのです。

悩みを減らして
疲労から抜け出す

●信頼できる人に悩みを打ち明ける

　人は悩みを抱えると精神的に余裕がなくなり、つい自分の殻にこもりがちになります。そして、1人で悩みの解決策を見つけようとします。

　でも、自分1人では緊張が高まり、いっそうもがき苦しんでしまうことも少なくありません。**悩みを抱えたら、それを打ち明けることができる人を探してください。**

　悩みをだれかに打ち明けるということは、〈悩みを軽減する〉ためにとてもよい方法です。**本当に信頼できる相手に、「すべて」を打ち明けることができれば、それだけで、心が解放されることもあります。**

　また、言葉にして人に話すことで、問題を客観的な視点で見つめることができるようになり、冷静な判断ができる可能性が高まるのです。

　弁護士事務所を訪ねてきたその女性は、かなり緊張した様子だった。話を聞くとこの半年、夫との離婚を考えて、1人で悩み続けてきたらしい。しかし、いっこうに自分がどうすればよいか、答えが出せず、事務所を訪ねたのだった。

「どんなことでも、自由に話してください。わたしはあなたの味方ですから」

　ベテラン弁護士のやさしい言葉に安心した女性は、「主人にはも

う愛想が尽きました……」と、ポツリポツリ話しはじめた。

　ベテラン弁護士は、とくにアドバイスはせずに、女性の話をひたすら聞くことに徹した。

　それから数時間後、「先生、話を聞いてくれてありがとうございました。夫とやり直すために、自分の気持ちを素直にぶつけてみます」、晴れ晴れとした表情で、彼女はそう言った。

「そのほうがいいね。今度は旦那さんと遊びにいらっしゃい」

　ベテラン弁護士は笑顔で送り出した。

　この女性は弁護士に悩みを話したことで、心が楽になりました。また、客観的に自分たち夫婦のことを見ることができ、気持ちも前向きになったようです。

●悩みを軽減するための具体的な方法

　「信頼できる人に悩みを打ち明ける」という方法以外にも、悩みを軽減する方法はあります。その方法も紹介しましょう。

❶ 感銘を受けた言葉をノートに書き留める

文学作品や祈りの言葉などから、自分が感銘を受けた言葉を書き留めておいてください。気分が優れないときにそれらを読み返すと、晴れやかな気持ちになります。

❷ 他人の欠点にいつまでもこだわらず、長所を見つける

欠点はだれにでもあるものです。それにいつまでもこだわっていたのでは、気分は減入るばかりです。積極的に相手の長所を見つけるようにすると、いままで気づかなかった相手の魅力を見つける機会になります。そして、それまでとはちがうよい関係を築けるでしょう。

❸ 周囲の人に関心を持つ

もし自分には友だちがなく、孤立していると悩んでいたら、近くにいる人に関心を持つように心がけてください。その人がどんな人生を歩んできたか、いまはどんな暮らしをしているのか、思いをめぐらせるのです。そして、自分からいろいろな人に話しかけてみてください。そうすれば、これまで疎遠だった関係も改善され、孤立感も薄まり、悩みも軽減されるでしょう。

❹ 就寝前に明日のスケジュールを立てる

まじめな人ほど絶えず仕事のことが気にかかり、いつも時間に追いかけられているようで、息を抜くことができません。こうした悩みを軽減するのに役立つのが、寝る前に翌日のスケジュールを立てることです。これを実行すると、仕事を予定通りに終えることができ、達成感を覚えると同時に、時間的な余裕も生まれます。

❺ 体をほぐし、緊張を解いてリラックスする

　緊張と疲れは人を老けさせる最大の要因です。それらを体から追い出すために、一番よいのはリラックスすることです。体を横にして全身を伸ばしたり、規則正しくゆっくり深呼吸をしたりして、体をほぐしましょう。

方法 4 仕事の疲労と悩みを予防する

● がむしゃらに仕事をするだけでは、悩みから解放されない

　これまで、疲労と悩みを予防するいくつかの方法を紹介してきました。ここでは、より具体的な、〈「**仕事**」における**疲労と悩みの予防方法**〉を4つ紹介します。

❶ いま抱えている仕事以外の書類は、机の上から片づける

　一度にさまざまな仕事を抱えると、机の上には分野や種類がちがう書類が、乱雑に散らばったままになることがあります。これではなにを優先して取り組むべきかが分からず、混乱するだけです。そして、ムダに大きなプレッシャーを感じ、緊張と疲労も増すばかりです。**目の前にある仕事に集中するためにも、いま必要な書類や資料だけを残して、ほかは片づけましょう。**

❷ 重要度の高い仕事を優先してこなす

　複数の仕事を抱えているとき、つい手をつけやすいからという理由で、重要度の低い仕事から先に取りかかる人がいます。これはいけません。大切な仕事が気になった状態のままなので、結局プレッシャーから抜け出せず、長い時間緊張したままの状態になってしまいます。そうした状態におちいることを避けるために、**仕事は重要度の高いものから着手してください。**

❸ 問題は先送りせずに、すぐに決断するように心がける

　問題に直面したとき、解決のための材料がそろっているなら、すぐに

決断することが大切です。問題
を未解決のままにすると、心配
がいつまでも残り、不安が大き
くなるだけです。すぐに解決策
を決定すれば、本来の仕事に集
中でき、これからに向けて成果
を出すためのスケジュールも立
てやすくなります。

❹ 仕事を人に任せられる体制をつくる

　仕事を他人に任せることができず、すべて自分でやろうとする人たち
がいます。責任感は大切ですが、これでは緊張感から解放されるはずは

なく、つねに、焦りや不安もつ
きまといます。結果、仕事のパ
フォーマンスも下がってしまい
ます。「人に任せる」というのは
とても難しいですが、自分が緊
張や疲労から解放されるために
は必要なことなのです。そのた
めに、仕事の組織化、代理化、
管理化を学びましょう。

仕事が楽しくなる 工夫をする

●楽しい仕事なら、それほど疲れない

　人は、肉体より精神を消耗したほうが疲労を感じやすい生き物です。

　趣味などの興味があることならば、長時間であっても疲れを感じずに楽しめるのに、興味がないこととなると、たちまち退屈になり、倦怠感を覚えて疲れてしまう……。みなさんも一度や二度、そんな経験があるのではないでしょうか。

　これは趣味の話だけではなく、仕事においても同じことが言えます。

　もしあなたが、**あまり興味を持てない仕事をしなければならなくなったときには、〈仕事を楽しくする工夫〉をしましょう。**

　たとえば単純作業でも、午後の仕事では、午前中にこなした量よりも多くこなせるかどうか自分で競争してみるのです。こうすれば仕事にゲーム感覚で向きあうことができます。ほかにも、自分が扱う製品や商品をより深く知るために、いろいろ調べてみることも、仕事を楽しむ工夫の１つです。ただ単に物として扱っていた製品や商品にさまざまな可能性があることを知り、仕事にもいっそう力が入るきっかけになります。

　また、**仕事を楽しんでいる"ふり"をするだけでも効果はあります。楽しんでいるふりを続けていると、実際にある程度は仕事が楽しくなるものです。** そうなれば、疲労が軽減されて能率はアップします。

　彼女はスーパーでレジ打ちの仕事をしている。

　この仕事について間もないころは、自分の仕事は単純作業で、面白くないと思っていた。そして、毎日そんな退屈な仕事をすることに、心身ともに疲れきっていた。

　「これでは仕事を辞めるしかない……」と考えた彼女は、なんとかこの仕事を面白くしようと考えた。そして、客の顔を覚えるという試みを始めた。

　顔を覚えようと意識すると、客と会話をする機会が自然と増えていった。

　「いつも声をかけてくれてありがとう」という老婆、「バイバイ」と手を振ってくれる子どもたち、「感じがいいね」とほめてくれるおじさん。彼女はいつの間にか仕事が楽しくなっていた。いまでは、この仕事に大きなやりがいを感じている。

　スーパーのレジ打ちのように一見単純作業のように見えるものでも、自分が楽しめるように工夫をすることができます。仕事が楽しくなれば、倦怠感を覚えることは少なくなり、疲れにくくなります。

方法 6　不眠症で悩まないようにする

●眠れないことを気にしないことが最大の対策

　心身ともに元気になる方法もいよいよ 6 つ目です。最後は、疲労をとるうえで欠かせない「睡眠」についての意外な方法を紹介しましょう。

　みなさんもご存知の通り、睡眠というものは、人が毎日を健康に過ごすために、なくてはならない大切なものです。しかし、その大切さを意識しすぎると、かえって不健康になってしまうことがあります。

　もしあなたが、夜、寝つけないときには、むりをして眠ろうとする必要はありません。眠れないことで、「体調をくずしてしまうのではないか……」「明日 1 日、乗り切れないのではないか……」、そんなふうに心に焦りや不安を抱え、よけいに疲労を大きくしてしまうからです。

　眠れないときは思い切って、〈「不眠が原因で死んだ人はいない」と気楽に〉なってみましょう。眠れなかったら読書をしたり、やり残した仕

事を片づけたりして、眠れない時間を有効に使うことを考えてください。

　疲れを予防し、悩みを生み出さない習慣は、進むべき道を切り開いていくうえで、無くてはならないものです。みなさんも、これらの方法を活用して、道を切り開き、幸福な人生をおくってください。

第6章のポイント

心身のエネルギーを保つ6つの方法

☑ 疲労の予防を意識する

　人は疲労を抱えると、心身に不調をきたします。そのことによって、悩みや不安を抱えやすくなります。悩みを抱えないためにも、疲労の予防を意識しましょう。

☑ 休息とリラックスを大切にする

　疲れ切らないうちにこまめに休みをとりましょう。また、疲労の原因となる精神的なストレスは、リラックスを習慣化して遠ざけましょう。もし睡眠不足でも、あまり神経質にならないことが大切です。

☑ 悩みを軽減する

　悩みを抱えたら、信頼できる人に打ち明けましょう。ほかにも、人間関係の改善、ストレスを軽減できるスケジュール管理や仕事術も学んでおくとよいです。

困難を乗り越え、より素敵な店へ変わる

相棒のシェフが交通事故で亡くなってから数年が過ぎた。この間、青年はさまざまな問題にぶつかりながらも、試行錯誤して、それらを乗り越えてきた。その結果、レストランは以前にも増して、客に愛される店へと成長した。

毎日のようにたくさんの客がおとずれ、近ごろは予約でいっぱいの状態が続いている。「素敵な店だね」「この料理はおいしいね」という声があちらこちらから聞こえ、そんな反応を見るたびに、苦労が報われたと、青年は温かい気持ちになった。

そして、店には、新しいシェフが加わることになった。
「オーナー、よろしくお願いします。みなさんもどうぞよろしくお願いします」
その日の店のオープン前、ミーティングでは、相棒の奥さんが元気にあいさつをしていた。

　店もだいぶ落ちついてきたころ、青年は彼女から、「将来、この店でシェフとして働きたい」という思いを伝えられた。そして、「そのために店を離れて、調理の勉強をしたい」と。

　彼女は、青年にとっても、スタッフたちにとっても、頼りになる存在だったので、店を離れられるのは痛かった。しかし、彼女の意志を尊重して、その思いを応援することにしたのだ。

「おかえり。料理の勉強はしっかりできたかい」
「はい！　役に立てると思います」

　そんなやり取りをしていると、横から「奥さん、ひさしぶりです！」と会話に入ってきたのは、あの見習いシェフだ。

　料理の腕はあるのに弱気な彼だったが、いまでは青年の右腕として、料理に腕を振るっている。

「ひさしぶり。あなたが考えたあのメニュー、相変わらずすごい人気ね。でも、負けないわよ」
「いやぁ、まいったなぁ」

　すぐに懐かしいやり取りになり、青年はたくさんの悩みを抱えながらも、必死で働いていたあのころを思い出していた。

店がオープンすると、すぐに老人がやってきた。相棒の奥さんの復帰日ということで、あらかじめ招待していたのだった。
「やぁ、ひさしぶり。どうやら、わたしが初めての客らしいね。おいしい料理を頼むよ」
「おひさしぶりです。ぜひ食べてください！　あなたに一番最初に食べていただきたかったんです」
　彼女は、そう笑顔でこたえた。

　店はすぐににぎわい出し、スタッフも仕事に取りかかった。青年と老人は料理が出てくるまで、少し話をすることにした。
「なんだか、今日はほっとしました。ぼくのほうが彼女以上に緊張していたかもしれません」
「きみのことだから、きっとそうだろうと思ったよ。大切な相棒の奥さんの門出だからね」
「えぇ……」

「これは初めて伝えることだがね、きみはこれまで、よくがんばってきたと思うよ」

老人の突然の言葉に、青年は驚いた。

「大切な人を突然亡くして、きみも辛かっただろうに。でも、迷いや不安があっても、きみは必死に道を切り開いてきた。それに、まわりの人たちの力にもなってきたじゃないか」

老人の言葉に、青年は涙をこらえるのに必死だった。

「ありがとうございます、本当にうれしいです……。でも、あなたがいたからなんです……」

「いや、すべてはきみの想いだよ」

青年は客でにぎわう店を見わたした。だれもが幸せそうにしている。それはあのころ、青年と相棒が思い描いた光景だった。

「なぁ、ちゃんと見ているかい？　これがぼくたちの店だよ」

青年は相棒に言った。

デール・カーネギー について

『道は開ける』の著者デール・カーネギー（Dale Carnegie）は、いったいどういう人物だったのでしょうか？
その人生から、人物像にせまってみましょう。

貧しい農家に生まれ、苦労人だったカーネギー

カーネギーは、20世紀を代表する自己啓発の名著『人を動かす』『道は開ける』の著者として知られています。1888年、アメリカのミズーリ州に住む貧しい農家の次男に生まれました。

子どものころのカーネギーは、運動が苦手だった一方で、大勢の人の前で話すことには自信があったようです。高校生のときは弁論部に所属していました。

教師になりたいという夢を持ち、ミズーリ州立学芸大学に入学しますが、家が貧しかったため寮費が払えず、家の農作業を手伝いながら、自宅から通いました。カーネギーは通学中の時間もムダにすることなく、スピーチの練習に励んだ結果、大学生時代は弁論大会で優勝したこともあります。

しかし大学卒業後は、教師になるという夢はかなわず、教材や食品、トラックのセールスマン、雑誌記者、俳優などさまざまな職業を転々とします。

　カーネギーは、ニューヨークでトラックのセールスマンをしていたころのことを、「青年のころのわたしは、ニューヨークでだれよりも不幸だった」と振り返っています。このころのカーネギーの経歴を見ると、たいへんな苦労人であったことがうかがえます。

話し方教室の講師として活躍

　苦労を重ねていたカーネギーは、一念発起して夜間学校の講師の職を探します。夜間学校の講師になれば、昼間は自由に本を読んだり、小説や短編を書いたりできるという理由からでした。そして、1912年に晴れてYMCAの夜間学校に採用され、話し方教室の講師となりました。

　もともと教師をめざしていたことや、学生時代に弁論大会で活躍していたこともあって、この仕事はカーネギーにとって天職ともいえました。話し方教室はとても評判になり、セールスマンをはじめ大勢の受講生が集まりました。大成功をおさめたカーネギーは、しばらくしてデール・カーネギー研究所を設立し、より多くの人に向けて成人教育を行うようになりました。

著作が世界的なベストセラーに

　成人教育の仕事が軌道に乗り、人気講師となったカーネギーは、受講生たちが人間関係の技術について学びたがっていることに気がつきます。しかし、適切な教材がなかったため、カーネギーはこれを自分でつくりはじめました。最初は1枚の紙でしたが、増補をくり返し、そのページ数はどんどん増えていきました。

　この教材に改良を加えて、1936年に刊行されたのが『人を動かす』です。教材づくりを始めてから、15年もかけて完成させたこの本は、大きな反響を呼び、大ベストセラーになりました。

二大名著『人を動かす』『道は開ける』

　ベストセラー作家となったカーネギーですが、すぐにつぎの書籍『道は開ける』の執筆準備にかかります。教室の受講生たちは、それぞれ多くの悩みを抱えていましたが、その悩みを解消するための本や教材は当時ありませんでした。そのため、カーネギーは再び自分でつくることを決意したのです。

　世界の偉人の著作や伝記を読み込み、各界の著名人にインタビューし、そして、受講生相手に悩みの解決方法の実践・検証をくり返して、『道は開ける』を書きあげました。1948年に刊行された

この本も、世界的ベストセラーになりました。

　カーネギーには、ほかにも著作がありますが、この2冊はとくに有名で、カーネギーの二大名著として、いまなおロングセラーを続けています。カーネギーは1955年に66歳で亡くなってしまいますが、『人を動かす』と『道は開ける』には、いつの時代でも揺るがない普遍性があり、具体的で実用性がある内容であるため、現代でも世界中で、大勢の人に親しまれています。

おわりに

　悩みを解決するための28の方法を、すべて学び終えましたね。

　いかがでしたか？　本書を読み終えたみなさんなら、「道は開ける」、つまり、人生を豊かにするためには、悩みを克服することが重要だと、よく理解されたと思います。

　そして、悩みを克服するには、本書に書かれている方法がとても有効だということも、理解していただけたのではないでしょうか。

　　悩みに関する3つの基本事項

　　悩みを解決する2つの基本テクニック

　　悩みから抜け出す6つの方法

　　おだやかで幸せな自分になる8つの方法

　　批判に振り回されない3つの方法

　　心身のエネルギーを保つ6つの方法

　これからみなさんは、このすべての方法を毎日の生活のなかで実践していってみてください。「はじめに」でも述べたように『道は開ける』の

原題は、"How to Stop Worrying and Start Living" です。直訳すれば「心配するのをやめて、生活を始める方法」ということになります。「生活」とは、生きることを支える活力にほかなりません。わたしはこの原題には、「悩みを解決する方法を自分のものとして、生きる活力を養って人生を再スタートしよう」というカーネギーの強いメッセージが込められているように思います。

　ぜひ、みなさんもこのメッセージを胸に、28の方法を実践し、悩みや不安を解決して、生きる活力を養ってもらいたいと思います。そうすれば、ときに厳しく困難な人生においても、迷うことなく、自分の進むべき道を自分の力で歩んでいけるはずです。

　わたしは『13歳から分かる！　道は開ける』を読まれた方ひとりひとりが、それぞれの悩みを解決して、人生を豊かなものにすることを期待しています。

藤屋伸二

藤屋伸二（ふじや・しんじ）

1956年生まれ。1996年にコンサルタント事務所を設立。1998年、大学院に入りドラッカーの研究を始める。現在は、ドラッカーのマネジメント理論をベースに中小企業の増益増収の仕組みづくりを支援している。主な著書・監修書に『ドラッカー入門』（日本能率協会マネジメントセンター）『小さな会社は「ドラッカー戦略」で戦わずに生き残る』（日本実業出版社）『13歳から分かる！ プロフェッショナルの条件』『13歳から分かる！ 人を動かす』（ともに日本図書センター）『まんがでわかる D・カーネギーの「人を動かす」「道は開ける」』全3巻（宝島社）などがある。

参考文献

『How to Stop Worrying and Start Living』Dale Carnegie（Simon & Schuster）
『道は開ける［新装版］』D・カーネギー著 香山晶訳（創元社）
『決定版カーネギー 道は開ける あらゆる悩みから自由になる方法』D・カーネギー著 東条健一訳（新潮社）
『超訳 カーネギー 道は開ける』デール・カーネギー著 弓場隆訳（ディスカヴァー・トゥエンティワン）
『まんがでわかる D・カーネギーの「人を動かす」「道は開ける」』藤屋伸二監修（宝島社）
『まんがでわかる D・カーネギーの「人を動かす」「道は開ける」③』藤屋伸二監修（宝島社）

● 装画・本文イラスト　　大西 洋
● ブックデザイン　　　　藤塚尚子（etokumi）
● 編集協力　　　　　　　香野健一
● 企画・編集　　　　　　日本図書センター

13歳から分かる！ 道は開ける
カーネギー 悩みを解決するレッスン

2023年3月25日　初版第1刷発行

監　修　　藤屋伸二
発行者　　高野総太
発行所　　株式会社日本図書センター
　　　　　〒112-0012　東京都文京区大塚3-8-2
　　　　　電話　営業部　03-3947-9387
　　　　　　　　出版部　03-3945-6448
　　　　　HP　https://www.nihontosho.co.jp/
印刷・製本　図書印刷 株式会社